MIREVEJA
EDITORA

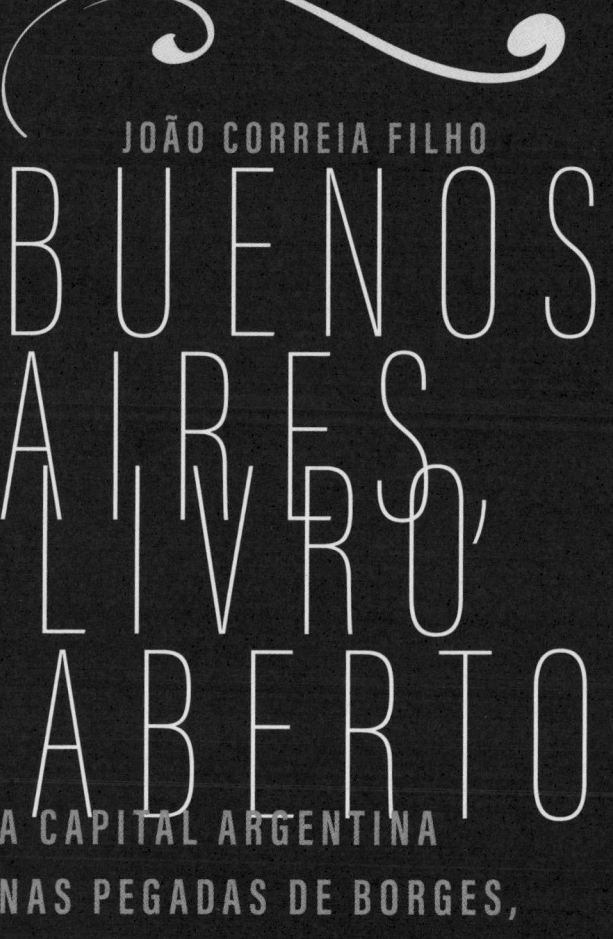

JOÃO CORREIA FILHO

BUENOS AIRES, LIVRO, ABERTO

A CAPITAL ARGENTINA NAS PEGADAS DE BORGES, CORTÁZAR E CIA.

CB067139

Para Francisco, meu filho. Para Otavio Valle,
o irmão que a vida me deu.

"Ser o que se pode é a felicidade.
A felicidade é a aceitação do que
se é e se pode ser."

VALTER HUGO MÃE,

O FILHO DE MIL HOMENS

SUMÁRIO

8	**MINHA QUERIDA BUENOS AIRES**		
12	**COMO USAR ESTE GUIA**		
14	**ITINERÁRIO 1**	ARRIBA, ABAJO, AL CENTRO Y ADENTRO	MONTSERRAT
48	**ITINERÁRIO 2**	VIAS LITERÁRIAS	SAN NICOLÁS
82	**ITINERÁRIO 3**	RUMO AO SUL	SAN TELMO E LA BOCA
110	**ITINERÁRIO 4**	CENÁRIO EXISTENCIAL	RETIRO
126	**ITINERÁRIO 5**	HERÓIS E TUMBAS	LA RECOLETA
150	**ITINERÁRIO 6**	O BAIRRO DE BORGES	PALERMO
174	**ITINERÁRIO 7**	TERRITÓRIO DE CORTÁZAR	AGRONOMÍA
188	**CAFÉ COM LETRAS**		
220	**CADERNO DE ANOTAÇÕES**		
246	**BIBLIOGRAFIA**		
254	**MAPA DO METRÔ**		

"Mais verossímil é conjecturar que o eventual
artista é um homem que bruscamente vê.
Para não ver não é imprescindível estar cego
ou fechar os olhos."

JORGE LUIS BORGES,

ATLAS

MINHA QUERIDA BUENOS AIRES

Diversas vezes deparei-me com a informação de que Buenos Aires teria mais livrarias que o Brasil inteiro. Embora se trate de uma falácia estatística – o Brasil tem cerca de 3 mil livrarias e Buenos Aires algo em torno de setecentas –, ela carrega uma série de verdades capazes de nos fazer olhar com atenção os números alardeados por nossos vizinhos: a capital argentina possui praticamente o dobro de livrarias da cidade de São Paulo, com cerca de quatrocentos estabelecimentos dedicados à venda de livros. Paris, talvez a cidade mais literária do mundo, tem aproximadamente 1.100. Tóquio, a primeira no ranking, algo em torno de 1.500.

Agora pasme: Buenos Aires é a cidade com mais livrarias *per capita* do mundo. Mais que Paris? Mais que

Tóquio? Sim, eu disse do-mun-do! Segundo dados de 2017, do World Cities Cultural Forum, uma rede internacional de pesquisa cultural, Buenos Aires tem 22,6 livrarias para cada 100 mil habitantes. Paris, com 9,4, fica bem atrás. Nova York possui 10,4 e São Paulo, com uma população quatro vezes maior que a de Buenos Aires, amarga o índice de 3,5.

Ainda que nosso interesse maior esteja nas letras, tais número chamam a atenção e refletem a forma apaixonada como a capital argentina se relaciona com o universo dos livros, com seus escritores e com a leitura de maneira geral.

Um dos motivos estaria associado à Guerra Civil Espanhola, conflito armado ocorrido na Espanha, entre 1936 e 1939. Nesse período, muitos editores e escritores refugiaram-se na América Latina, e Buenos Aires tornou-se o centro da língua espanhola. Isso fez com que proliferassem publicações a preços acessíveis e aumentasse o número de títulos e leitores, o que movimentou o mercado editorial a ponto de multiplicarem-se as livrarias e as editoras, gerando um círculo virtuoso.

Certamente, há outros aspectos – educacionais, econômicos, socais – que influenciaram na formação dessa

Painel na fachada da Librería de Ávila, a mais antiga livraria portenha em atividade. Anuncia o seu principal produto, o livro, razão de ser de nossa aventura literária.

Buenos Aires literária, que preserva tal universo a ponto de ser possível conhecê-la a partir da vida e da obra de seus escritores, de diversas épocas, escolas e trajetórias.

Entre os mais conhecidos estão Jorge Luis Borges e Julio Cortázar, nossos dois principais cicerones. Eles nos acompanharão por quase todo o caminho e, claro, não estarão sós. Há muitos outros autores em nossas trilhas, nativos e estrangeiros, clássicos e vanguardistas, famosos ou ainda pouco conhecidos, com os quais nos embrenharemos cidade adentro. Ernesto Sabato, Roberto Arlt, Manuel Puig, Ricardo Piglia, Leopoldo Lugones, José Hernández, Adolfo Bioy Casares, Silvina e Victoria Ocampo, Alfonsina Storni, Manuel Mujica Lainez, o espanhol Federico García Lorca e o francês Antoine de Saint-Exupéry serão alguns de nossos companheiros de viagem.

Visitaremos as casas em que viveram, as livrarias em que estiveram, as ruas por onde passaram, os bares e cafés que frequentaram e, certamente, reconheceremos muitos dos locais descritos em suas obras e imaginaremos outros tantos. Dezenas de escritores atravessarão nosso caminho e revelarão os segredos dessa cidade cujo encanto está muito além das estatísticas.

Você conhecerá cada um desses locais auxiliado por mapas feitos especialmente para este livro, dicas exclusivas e informações precisas que são fruto de uma longa pesquisa bibliográfica e de campo.

Ou seja, você terá a cidade literalmente na palma da sua mão, e poderá se deixar levar inteiramente por sua poesia, soltar a imaginação e manter à flor da pele os sentimentos. É disso que se constituem as grandes viagens. Basta me acompanhar.

¡Buen viaje!

Eu, ao final de uma noite deliciosa ao lado dos amigos Otavio Valle (autor da foto e a quem dedico este livro) e Débora Borges, no restaurante Don Julio, no bairro de Palermo.

NAS PEGADAS DO AUTOR

Depois de mergulhar na urbanidade poética de Lisboa, Paris e São Paulo, retomo a série de guias turístico literários que iniciei em 2011 e que tantas alegrias me deu – entre elas a honra de um Prêmio Jabuti na Categoria Turismo, em 2012, com o *Lisboa em Pessoa – guia turístico e literário da capital portuguesa*.

Agora é a vez de olhar para a capital argentina e revisitá-la a partir do universo de seus escritores, nomes do mais alto calibre, muitos dos quais fazem parte da minha formação como leitor e como jornalista, profissão que exerço há mais de vinte anos.

E a novidade não está apenas em percorrermos outra cidade. *Buenos Aires, livro aberto*, meu quarto guia literário, é fruto de uma reflexão profunda acerca dos rumos que meu trabalho deveria seguir. Está mais leve, com um projeto gráfico mais moderno e acessível, mais focado na literatura e com textos mais fluídos e dinâmicos.

Ele nos coloca em movimento, lado a lado, eu e você, e me permite compartilhar experiências, andanças e minha paixão por ela, essa grande parceira de viagem, a literatura.

COMO USAR ESTE GUIA

Este livro foi pensado para que você encontre o que precisa da forma mais simples e rápida possível. Para facilitar, criei uma série de "atalhos" que podem ajudar na hora de consultá-lo. Fique atento aos símbolos e às indicações presentes em cada página, resumidos aqui, neste pequeno manual prático.

Buenos Aires, livro aberto traz sete itinerários, sendo que seis deles encontram-se nos bairros mais centrais e conhecidos da cidade. O sétimo é um roteiro exclusivo do escritor Julio Cortázar e nos leva ao distante bairro de Agronomía, onde ele viveu parte de sua juventude.

Os pontos de destaque dos itinerários estão indicados e ordenados numericamente por este ícone ❶, tanto nos mapas, como no texto, para que você os encontre facilmente.

Quando necessário, esses locais são acompanhados de uma série de símbolos que facilitam a visualização de informações importantes, apresentadas sempre nesta mesma ordem:

- 📖 LOCAL
- 📞 TELEFONE
- 🚌 ÔNIBUS
- 🚇 METRÔ
- 🕐 HORÁRIOS
- $ INGRESSO
- 📱 SITE

Como não poderia faltar, na página 254 tem um mapa do metrô de Buenos Aires, essencial para agilizar sua locomoção.

No canto direito das páginas, há uma barra como esta, posicionada num lugar específico em cada capítulo, o que facilita ainda mais a localização dos itinerários.

Cada roteiro tem um mapa específico que delimita os arredores e auxilia na localização. E um mapa menor, que distingue a região visitada na cidade como um todo.

Atente também para as legendas! Além de identificar lugares e situações, elas trazem informações inéditas, contam um pouco sobre as imagens clicadas por mim e, assim, complementam sua viagem de forma divertida.

E outras duas novidades: a partir da página 188 há um ensaio fotográfico intitulado **Café com letras**, que reúne imagens especiais dos principais cafés e livrarias presentes no guia. Da 220 à 243, você tem um simpático **Caderno de anotações**, para que possa registrar as impressões de sua viagem, ideias, poemas, telefones, endereços, nomes de pessoas ou simplesmente rabiscar enquanto espera um café. Isso torna o seu livro único, imprime a ele uma marca pessoal e materializa suas memórias.

No final, incluí uma bibliografia com todos os livros utilizados na pesquisa para a confecção deste guia. Eles garantem que sua viagem continue por muito tempo.

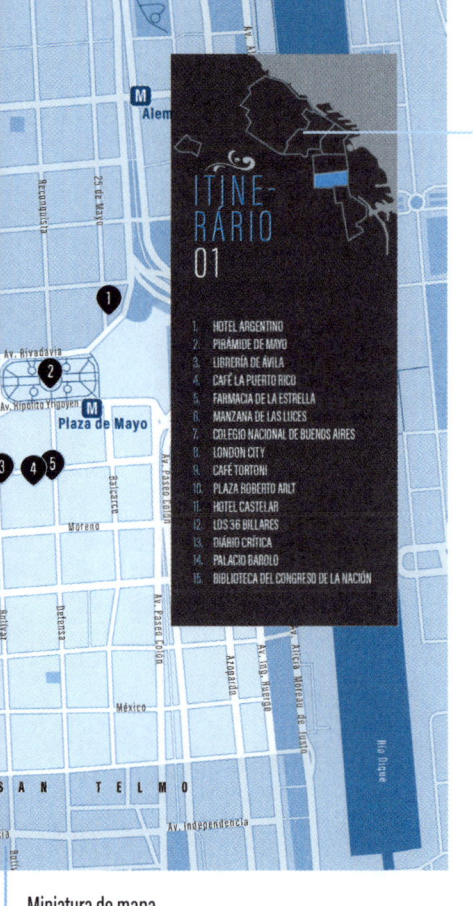

Miniatura do mapa
de cada itinerário.

ITINE-RÁRIO
01

ARRIBA, ABAJO, AL CENTRO, Y ADENTRO

MONTSERRAT

É fácil imaginar a importância da Plaza de Mayo na vida dos argentinos e, por consequência, na vida de seus escritores. É fácil pressupor que praticamente todos os escritores citados neste guia passaram por ali, indo e vindo de suas casas, escritórios, cafés, bares ou em caminhadas sem destino, como você verá no decorrer do passeio.

Essa praça é o local das grandes manifestações políticas e culturais, ponto de convergência da maioria das linhas de ônibus e de metrô, local de encontro de quase todos os que visitam a capital.

É a partir desse quadrilátero que nasce o primeiro bairro, **Montserrat**, e que Buenos Aires expande-se em ruas largas inspiradas nos bulevares parisienses do século xix, e depois em movimentadas avenidas que alcançam os arrabaldes mais distantes.

Nossa primeira rota literária segue o mesmo sentido. Depois de adentrarmos o bairro de Montserrat por ruas como a Defensa, a Alsina e a Bolívar, seguiremos pela Avenida de Mayo, rompendo esquinas em busca da Buenos Aires que preservou as pegadas de seus escritores. Além de Julio Cortázar e Jorge Luis Borges, nossos principais cicerones neste capítulo, teremos a companhia de outros escritores argentinos, como José Hernández, autor do clássico *Martín Fierro*, Ernesto Sabato e Roberto Arlt, igualmente necessários para adentrar o universo literário da capital portenha. Também cruzarão nosso caminho alguns estrangeiros, como Federico García Lorca (escritor espanhol que residiu na cidade na década de 1930) e o italiano Dante Alighieri, cuja principal obra, *A Divina Comédia*, inspirou a construção de um edifício inteiro, repleto de segredos e enigmas. Sigamos.

ITINE-RÁRIO 01

1. HOTEL ARGENTINO
2. PIRÁMIDE DE MAYO
3. LIBRERÍA DE ÁVILA
4. CAFÉ LA PUERTO RICO
5. FARMACIA DE LA ESTRELLA
6. MANZANA DE LAS LUCES
7. COLEGIO NACIONAL DE BUENOS AIRES
8. LONDON CITY
9. CAFÉ TORTONI
10. PLAZA ROBERTO ARLT
11. HOTEL CASTELAR
12. LOS 36 BILLARES
13. DIÁRIO CRÍTICA
14. PALACIO BAROLO
15. BIBLIOTECA DEL CONGRESO DE LA NACIÓN

ITINERÁRIO 01

"Creio que a literatura serve como uma das muitas possibilidades do homem de realizar-se como *homo ludens*. E, em última instância, como homem feliz. A literatura é uma das possibilidades da felicidade humana. Fazer e ler literatura."

JULIO CORTÁZAR,

CONVERSAS COM CORTÁZAR

Entrada do London City, bar frequentado por Julio Cortázar na década de 1950. Protege seus visitantes (e os personagens do escritor) do movimento frenético da Avenida de Mayo.

HOTEL IMAGINÁRIO

Façamos diferente. Não vamos começar esta viagem pelas grandes construções que circundam a Plaza de Mayo, ou mesmo algum suntuoso monumento da região, como seria de costume nos guias convencionais. Deixemos isso de lado. Iniciaremos o passeio por um local que já não existe, o que nos coloca em contato direto com o universo do livro e da leitura, na medida em que instiga nossa imaginação, agita a criatividade e nos leva a viajar, literalmente.

Sente-se em algum banco da praça. Se você estiver olhando para a Casa Rosada, volte os olhos em direção à esquina da Avenida Rivadavia com a 25 de Mayo, ao lado do Banco de la Nación Argentina. Se preferir, dê uma olhada no mapa da página 16 e saiba a localização exata do extinto **HOTEL ARGENTINO** ❶.

Imagine um edifício suntuoso, que gozou de reconhecimento e pompa no final do século XIX, quando o país atravessava um momento de grande riqueza e a cidade se espelhava nas principais capitais europeias. Pense numa fachada com janelas voltadas para a rua, algumas com lustres acesos, outras à meia-luz; pense na movimentação de pessoas na porta de entrada, homens com chapéus, mulheres com vestidos longos, malas sendo carregadas, a pressa dos carregadores. Viaje com eles.

Foi ali, num dos quartos do Hotel Argentino, que o jornalista, escritor e político **José Hernández** (1834-1886) escreveu, em 1872, *El gaucho Martín Fierro*, obra épica com uma centena de versos, considerada por muitos a peça fundamental da literatura argentina. No Brasil, foi lançada apenas como *Martín Fierro*.

O livro narra a trajetória de sacrifício e heroísmo de um homem dos pampas, Martín Fierro, que sofre com a fome, a falta de trabalho e os desmandos das autoridades. Obrigado a servir o Exército, revolta-se com os trabalhos forçados e as arbitrariedades de seus superiores, até que consegue fugir, tornando-se um desertor. A situação se complica quando, ao voltar para casa, descobre que tudo havia sido destruído e sua mulher e seus filhos tinham desaparecido. Desesperado, *Martín Fierro* mata um homem num duelo e se lança ao mundo como fugitivo, perseguido pela polícia.

Claro que não cabe a mim contar o final da história, mas é a partir dessa trama que José Hernández coloca os gaúchos (ou *gauchos*, em espanhol) como representantes do espírito argentino. Inclusive, utiliza em seus versos a fonética e o jeito de falar dos pampas, algo desafiador para a época. Tais estrofes, cuja impressão foi originalmente financiada com o dinheiro do próprio escritor, ganharam importância entre os mais pobres, os subjugados, os despossuídos, e foram lidas com paixão nos rincões do país.

No entanto, a saga de Martín Fierro havia sido escrita num contexto político em que as oligarquias do interior e da capital rivalizavam – unitaristas, que defendiam um governo centralizado em Buenos Aires, contrapunham-se aos federalistas, que queriam mais independência para as províncias, tendo à frente Juan Manuel de Rosas (1793-1877). A vitória dos unitaristas, representados pela figura do presidente Domingo Faustino Sarmiento (1811-1888), retardou o reconhecimento da obra de Hernández por quase quarenta anos, pois eles viam no gaúcho a expressão da barbárie, do atraso, em oposição à cultura europeia. Sarmiento, escritor e importante intelectual, deixou isso claro em seu livro *Facundo*, lançado em 1845, no qual imortalizou a antonímia civilização ou barbárie, eixo de seu pensamento político.

Apenas na primeira década do século XX, seus versos começaram a ser reconhecidos, tendo como marco o ano de 1913, quando os já prestigiados escritores argentinos Leopoldo Lugones e Ricardo Rojas (falaremos de ambos mais adiante) proclamaram *El gaucho Martín Fierro* como "o poema nacional dos argentinos". A obra ganhou a admiração da intelectualidade do país e foi traduzida para dezenas de idiomas (incluindo o português), analisada sob diversos aspectos, comparada a outros clássicos e, quase sempre, polemizada.

Para muitos, estamos diante da verdadeira epopeia do povo argentino, obra-prima nacional por excelência, a pedra fundamental da literatura do país. Para outros, trata-se de uma obra repleta de preconceitos e injustiças, perpetradas pelo seu protagonista, um desertor, valentão e assassino.

Há ainda os que mantêm uma relação conflituosa com o clássico gauchesco, como é o caso do escritor Jorge Luis Borges, que faz referência à obra em alguns de seus contos (como "O fim", do livro *Ficções*, de 1944, e "A outra morte", do livro *O Aleph*, de 1949) e, principalmente, em análises do poema. É o caso do ensaio *O Martín Fierro*, publicado por Borges em 1953, em parceria com a pesquisadora Margarita Guerrero, e lançado no Brasil em 2005.

Nesse texto fica claro o apreço pela obra, mas uma repulsa ao personagem, que considerava repleto de falhas de caráter que não poderiam ser atribuídas aos gaúchos.

Na década de 1970, em um depoimento ditado em inglês para seu tradutor Norman Thomas di Giovanni, publicado originalmente na famosa revista estadunidense *The New Yorker*, o escritor confessa que quando criança foi proibido pela mãe de ler a saga, embora houvesse um exemplar na biblioteca da casa onde viviam: "Minha mãe me proibiu a leitura do *Martín Fierro*, já que o considerava um livro para rufiões e colegiais, e que além disso não tinha nada a ver com os verdadeiros gaúchos". E complementa: "esse livro eu li às escondidas". Convém acrescentar que o depoimento de Borges foi posteriormente transformado em seu *Ensaio autobiográfico*, fonte de consulta para os interessados pela vida do escritor. Foi publicado no Brasil em 2009.

Em 1879, José Hernández escreve a continuação de sua epopeia gauchesca e lança La vuelta de Martín Fierro, que também obtém grande sucesso. No Brasil as duas obras foram lançadas como *Martín Fierro* e

A volta de Martín Fierro.
Destaco alguns versos da primeira etapa da saga, do Canto I, que servem para dar ritmo e tempero à nossa caminhada.

Sou gaúcho! — Entendam bem
como meu idioma o explica:
a terra ante a mim se achica
e pudera ser maior;
nem a víbora me pica
nem me queima a fronte ao sol.

Nasci como nasce o peixe
nas profundezas do mar;
ninguém me pode tirar
aquilo que Deus me deu:
o que aqui tenho de meu,
do mundo hei de levar.

Minha glória é ser tão livre
como é livre o passarinho;
nunca farei o meu ninho,
onde há tanto que sofrer,
e, quando o meu voo erguer,
eu hei de erguê-lo sozinho.

A PIRÂMIDE DE JULIO CORTÁZAR

Mais uma vez observe o entorno. Perceba que, como todas as cidades fundadas na América pelos espanhóis, seu núcleo segue um desenho característico, com uma praça central circundada pelo poder religioso – Catedral Metropolitana; um centro administrativo – o Cabildo; e um forte – onde hoje fica a Casa Rosada,

sede do poder Executivo. São todos locais importantes e muito visitados por turistas, mas, a nós, que viemos em busca de literatura, sugiro mirar para o obelisco no centro da praça. Ele carrega no topo uma escultura que representa a liberdade e destaca-se pela cor branca que reluz. É conhecido como PIRÁMIDE DE MAYO ❷ e foi erguido por um mestre de obras chamado Pedro Cañete, em 1811, em homenagem ao 25 de maio, data em que se comemora a Independência da Argentina. Em 1856, passou por uma reforma coordenada pelo pintor e arquiteto Prilidiano Pueyrredón (1823-1870), que acrescentou alguns detalhes e o tornou dezenove metros mais alto.

Ao chegar mais perto, imagine ao seu redor milhares de pessoas que se acotovelam para reverenciar um altar improvisado colocado aos pés do monumento, num misterioso ritual de adoração em praça pública.

Adentramos assim a narrativa da novela *O exame final*, de **Julio Cortázar** (1914-1984), escrita na década de 1950 e publicada postumamente, em 1986 – em 1996 no Brasil.

No enredo de Cortázar, um grupo

▌ LIBRERÍA DE ÁVILA

📖 ALSINA, 500

📞 54 11 4343-3374

🚌 22, 28, 29

🚇 BOLÍVAR (LINHA E), CATEDRAL (LINHA D), PLAZA DE MAYO (LINHA A)

🕐 SEG. A SEX., DAS 8H30 ÀS 20H; SÁB., DAS 10H ÀS 15H; DOM., FECHADO

💻 WWW.LIBRERIADEAVILA.COM

de estudantes percorre a cidade nas vésperas de um exame escolar e depara com o enigmático culto, no qual milhares de pessoas adoram um pequeno osso depositado no interior do santuário. "A praça estava lotada e a multidão continuava pelas avenidas Rivadavia e Yrigoyen. No meio da praça, porém, o povo estava quase imóvel, oscilando levemente. – Fizeram o santuário tomando a pirâmide como suporte. O resto é lona", descreve um dos personagens.

Para muitos estudiosos, a fábula de Cortázar tem conotações políticas, tratando-se de uma crítica ao culto exacerbado que havia a Juan Domingo Perón, no início da década de 1950, o que também estaria entre os motivos que levaram Cortázar a se exilar em Paris, em 1951.

Algo semelhante pode ser percebido no famoso conto "A casa tomada", do livro *Bestiário* (1951), que relata a invasão de um imóvel por forças estranhas, ruídos que tomam conta dos lugares, o que é visto por muitos como símbolo de um sufocamento político que o escritor julgava sentir.

Para certos críticos, *O exame final* é uma obra inacabada, quase experimental, que o próprio escritor teria deixado guardada na gaveta por anos. Para outros, seria também um ensaio para *O jogo da amarelinha*, um de seus livros mais importantes, lançado em 1963.

Para nós, embora a novela não figure entre as principais obras de Cortázar, pelo menos não entre as mais conhecidas, ela cabe aqui como importante referência do bairro de Montserrat. E permite colocar em cena os jogos

narrativos do autor, um dos precursores (ao lado de Borges) do realismo fantástico, movimento surgido em meados do século xx e difundido mundo afora por diversos escritores latino-americanos.

Além da Plaza de Mayo, a novela de Cortázar traz alusões a locais emblemáticos de Buenos Aires, como a Calle Libertad, a 25 de Mayo, a Plaza San Martín e o Edificio Kavanagh, locais que são percorridos por seus personagens e que provavelmente fizeram parte das andanças do escritor pela cidade. Das nossas, certamente fará.

PRIMEIRAS LETRAS

Como tudo ainda é novo neste passeio, vale conhecer um pouco mais do bairro de Montserrat, que se estende ao sul da Plaza de Mayo e a oeste, até o Congresso Nacional.

Seguindo pela Calle Bolívar pouco mais de duas quadras, chegamos à **LIBRERÍA DE ÁVILA** ❸, considerada a primeira livraria de Buenos Aires, com origem no século xviii e ainda em atividade.

Ali reencontramos Julio Cortázar, um retrato seu, pregado na lateral de uma estante com uma tachinha verde, logo abaixo de uma fita fina com as cores da bandeira argentina – azul-celeste e branco. Uma clara declaração de admiração pelo escritor, exposta em um lugar bem apropriado, junto aos livros.

Além da presença fotográfica, não

consegui encontrar nenhum relato fiável de que o escritor em carne e osso tivesse frequentado o lugar, mas é quase certo que em algum momento de sua vida tenha, ao menos, admirado suas vitrines em caminhadas pela região. Afinal, estamos falando de um estabelecimento secular, no centro da cidade, cuja origem nos remete ao ano de 1785, quando Buenos Aires era pouco mais que uma vila.

Na ocasião, inaugurou-se na esquina da Calle Alsina com a Bolívar um armazém chamado La Botica. Vendia entre seus produtos algo que ainda era raridade na cidade: livros. Por volta de 1820, já haviam se tornado a grande mercadoria do estabelecimento, que então passou a se chamar Librería del Colegio, por sua proximidade com o Colegio Nacional de Buenos Aires, a cem metros dali, no número 260 da Bolívar.

Nascia a primeira livraria de Buenos Aires, frequentada por intelectuais da cidade e que, quase dois séculos depois, ainda preserva a atmosfera que encantou gerações de leitores e escritores.

O clima literário é mantido com fotos de mestres como Borges e Cortázar, que compõem naturalmente o cenário, junto com globos terrestres, máquinas de escrever, antigos monitores de computador e um fonógrafo – peça encantadora que rapidamente evoca uma das grandes paixões de Cortázar: o jazz, tema de que trataremos mais adiante.

Especializada em cultura, arte e história da Argentina, a Librería de Ávila vende volumes novos no térreo e usados no subsolo, onde estão expostos também livros antigos e algumas raridades. Montada num edifício construído em 1926, a livraria chegou a fechar no final da década de 1980, mas quando o livreiro Miguel Ángel Ávila ficou sabendo que ela viraria uma lanchonete não teve dúvidas, comprou o estabelecimento e o batizou com seu sobrenome. Preservou também a tradição de ter bons livreiros como atendentes, capazes de sugerir, explicar e dar detalhes dos produtos. Como antigamente.

MÚSICA E CINE

Bem próximo à Librería de Ávila, seguindo pela Calle Alsina, está o **CAFÉ LA PUERTO RICO** ❹, fundado em 1887 e um dos mais antigos e tradicionais da cidade. Até 1925, o La Puerto Rico esteve localizado na Calle Perú, bem próximo dali, quando passou para o endereço atual. Na década de 1930 foi remodelado e ganhou uma decoração art déco, que está preservada e já valeria a visita.

Apesar da mudança de imóvel, algo especial continuou igualzinho – o cheiro do café que sai de seu forno, fabricado em 1887, e que ainda é utilizado para torrar os grãos servidos no local. Isso sem dúvida garante a qualidade (e a fama) da bebida do La Puerto Rico, que possui diversas misturas (blends) de torras. Eles ganham nomes de cidades da ilha caribenha que encantou dom Gumersindo Cabedo, fundador do estabelecimento. Mais de cem anos se passaram e as marcas impressas nas fotos e cartazes espalhados pelas paredes demonstram a relação que o local teve com artistas e pensadores de diversas épocas, principalmente pela proximidade com o Museo de la Ciudad e o Colegio Nacional, um grande celeiro de intelectuais.

Entre os frequentadores do café estava Enrique Domingo Cadícamo (1900-1999), poeta e autor de vários (e importantes) tangos gravados por Carlos Gardel, inclusive a canção "Pompas", um grande clássico registrado pelo cantor em 1927.

Ainda hoje, o La Puerto Rico oferece espetáculos musicais e de dança. Cadícamo, que era assíduo em suas mesas, permanece no local preferido, só que agora na forma de um boneco. Aliás, está além da minha compreensão o gosto por essas efígies meio desengonçadas que encontramos em alguns locais de Buenos Aires. Há mais três delas no Café Tortoni, adiante em nosso roteiro. Certamente não passarão despercebidas.

Além da música e da literatura, o Café La Puerto Rico é referência no cinema – o filme *Las cosas del querer* (1989), dirigido pelo espanhol Jaime Chávarri, é o principal exemplo. E na gastronomia, com massas preparadas

no local e excelentes pratos, verdadeiros deleites que impregnam a memória do viajante.

No caminho, aproveite para dar uma passada, mesmo que seja uma visita de médico, na **FARMACIA DE LA ESTRELLA** ⑤, esquina da Alsina com a Defensa. Primeira farmácia da cidade, foi fundada em 1834 e ainda preserva a atmosfera secular em suas estantes e frascos. Dedica-se aos remédios do corpo, mas enche-nos a alma de inquietudes.

CAFÉ LA PUERTO RICO

🗺 ALSINA, 416

📞 54 11 4331-2215

🚌 22, 28, 29

🚇 BOLÍVAR (LINHA E), CATEDRAL (LINHA D), PLAZA DE MAYO (LINHA A)

🕐 SEG. A SEX., DAS 7H ÀS 20H; SÁB. E DOM., DAS 10H ÀS 19H

💻 WWW.LAPUERTORICOCAFE.COM.AR

OS NOTÁVEIS

Como se tornou habitual em meus guias literários, há uma série de boxes distribuídos pelo livro, como este, com uma cor diferente, que trazem informações paralelas ao texto principal e dialogam com o momento em que estamos no passeio.

Por exemplo: como acabamos de passar pelo La Puerto Rico, vale destacar que ele é o primeiro dos vários bares, cafés e confeitarias "Notables" (notáveis) que visitaremos em Buenos Aires durante nossas andanças, uma seleção oficial de estabelecimentos de grande importância para a capital argentina.

A lista chega a mais de setenta locais que se espalham pelo centro e por diversos bairros. Muitos são do final do século xix, muito bem preservados, e outros tantos surgiram até meados do século xx, mantendo características originais, alguns deles declarados Patrimônio Cultural pela Dirección General de Patrimonio, Museos y Casco Histórico de Buenos Aires.

A grande maioria, de alguma forma, está ligada à literatura, à trajetória dos escritores que estamos acompanhando. Ou, pelo menos, ao hábito (delicioso e bem portenho) de pedir um café e ficar horas à mesa, divagando, lendo o jornal. No nosso caso, pode ser um livro.

Retrato do escritor Julio Cortázar nas paredes da Librería de Ávila.

Lateral do Cabildo, edifício que foi durante muito tempo representante do poder administrativo da cidade. Abriga um museu histórico. A entrada fica de frente para a Plaza de Mayo, mas escolhi esta imagem por estar bem mais interessante que as da fachada, comuns em guias de viagem (comuns).

QUARTEIRÃO DAS LUZES

Há um pátio convidativo, aberto ao público, sempre com boa música e sombra para descansar e se preparar para outros passeios, um restaurante e um mercado de artesanato. No entanto, o que nos atrai à **MANZANA DE LAS LUCES** ⑥, como é conhecida essa quadra do bairro de Montserrat, é o fato de ter sido o grande polo irradiador de cultura, arte e conhecimento, local onde funcionaram a primeira biblioteca pública e o primeiro museu da cidade, e que ainda hoje preserva algumas de suas mais antigas instituições de ensino, entre elas o Colegio Nacional de Buenos Aires.

Para ter contato com parte dessa herança é importante fazer a visita guiada, que passa por salas que reproduzem a forma de viver de diferentes épocas da história argentina, desde o período colonial até o início do século xx. O ponto alto é a Sala Magna, uma espécie de anfiteatro, onde grandes nomes realizaram conferências e apresentações, entre eles Albert Einstein, Le Corbusier, Carlos Gardel (que cantou duas vezes ali) e dois dos cinco prêmios Nobel argentinos, Carlos Saavedra Lamas (Paz) e Bernardo Houssay (Medicina). Outro ilustre que frequentou o auditório foi o escritor José Hernández, na época em que o local serviu como câmara e o escritor ocupava o cargo de senador da província. O historiador Eric Hobsbawm foi um dos últimos pensadores a se apresentar ali.

Na mesma quadra, com entrada pela Calle Bolívar, 263, está o **COLEGIO NACIONAL DE BUENOS AIRES** ⑦, fundado por jesuítas, cuja origem remonta ao século xvii, ao Real Colegio San Ignacio. Funcionou como verdadeiro celeiro de intelectuais e hoje é uma importante escola preparatória do Ensino Médio, ligada à Universidade de Buenos Aires. Já passaram por ali alguns dos nomes citados neste guia, como o escritor Baldomero Fernández Moreno, o cartunista Nik (criador do Gaturro, personagem dos quadrinhos), e o pai de Borges, Jorge Guillermo Borges, que era professor e chegou a publicar um livro, *El caudillo*, em 1921. Recomendo uma visita à biblioteca, aberta em 1863 e uma das mais belas da cidade. A visita precisa ser agendada, mas o empenho é recompensador.

MANZANA DE LAS LUCES

- 🏢 PERU, 272
- 📞 54 11 4343-3260
- 🚌 24, 26, 28, 29, 38, 45, 56, 59, 64, 67, 105
- 🚇 BOLÍVAR (LINHA E), CATEDRAL (LINHA D), PLAZA DE MAYO (LINHA A)
- 🕐 SEG. A SEX., DAS 10H ÀS 20H., SÁB. E DOM., DAS 14H ÀS 20H
- 💲 GRÁTIS
- 🖥 WWW.MANZANADELASLUCES.CULTURA.GOB.AR

#FICAADICA

Na volta para a Plaza de Mayo, sugiro uma passada no número 584 da Avenida Presidente Julio Argentino Roca, sétimo andar, onde fica a **Eternautas**, uma empresa de turismo cultural com propostas que vão além dos roteiros mais tradicionais pela cidade. O nome da empresa, por exemplo, é uma homenagem a um personagem de uma história em quadrinhos de ficção científica escrita por Héctor Gérman Oesterheld, com ilustrações do cartunista Francisco Solano López, ambos argentinos, publicada pela primeira vez em 1957. Conta sobre um homem vindo do futuro que alerta para uma invasão de alienígenas dispostos a destruir a cidade. Foi lançada no Brasil mais de cinquenta anos depois, numa edição da Martins Fontes, em 2011.

A Eternautas foi criada em 1998 por três estudantes de História da Universidade de Buenos Aires, que tinham como meta ensinar sobre a cidade a partir de um conteúdo que não fosse acadêmico. "Arquitetura, por exemplo, é tão importante quanto o futebol e o tango para se entender a história e a cultura desta cidade", diz Ricardo Watson, um dos fundadores da empresa, que faz questão de frisar que os itinerários criados não são necessariamente "turísticos". Um exemplo é o roteiro chamado *El otro sur*, no qual exploram bairros como Barracas e Parque Patricios, pouco comuns em guias de viagem, mas que abrigam locais surpreendentes da capital. Outro exemplo, que muito nos interessa, são os roteiros literários como o de Palermo Borgeano, que ocorre de três a quatro vezes ao ano e nos leva diretamente ao universo do escritor. Mesmo que você não visite a Eternautas, vale conferir a programação.

COLEGIO NACIONAL DE BUENOS AIRES

- BOLÍVAR, 263
- 54 11 4331-0733
- 24, 26, 28, 29, 38, 45, 56, 59, 64, 67, 105
- BOLÍVAR (LINHA E), CATEDRAL (LINHA D), PLAZA DE MAYO (LINHA A)
- VISITAS GUIADAS: SÁB., ÀS 13H; QUI., ÀS 17H30 AGENDAMENTO: VISITASGUIADASCNBA@GMAIL.COM 54 11 4331-0734
- PAGO
- WWW.CNBA.UBA.AR

ETERNAUTAS

- AV. PRESIDENTE JULIO A. ROCA, 584, 7º ANDAR
- 54 11 5031-9916
- 22, 28, 29
- BOLÍVAR (LINHA E), CATEDRAL (LINHA D), PLAZA DE MAYO (LINHA A)
- SEG. A SEX., DAS 9H ÀS 18H; SÁB. E DOM., FECHADO
- WWW.ETERNAUTAS.TUR.AR

O interior do Café Tortoni é repleto de referências à arte, à literatura. Preserva uma atmosfera que nos leva ao final do século xix, à Belle Époque argentina.

LÁ FORA, A AVENIDA DE MAYO

Uma vez na Plaza de Mayo, seguiremos pela avenida de mesmo nome, uma das principais vias da cidade e por onde certamente a maioria dos escritores deste guia perambulou. Logo na esquina com a Calle Perú está nosso primeiro ponto de parada e, mais uma vez, somos levados ao universo de Cortázar.

Inaugurado em 1954, o **LONDON CITY** ⑧ é um bar e confeitaria bastante frequentado por portenhos em busca de um lugar calmo em meio ao movimento frenético da Avenida de Mayo e por visitantes atraídos pela relação do estabelecimento com o livro *Os prêmios*, lançado por Cortázar em 1960.

A trama cortaziana inicia-se num bar do centro da capital, quando um grupo de pessoas comemora a vitória em um prêmio que dava direito a um cruzeiro de navio. Em certo momento, o estabelecimento é citado nominalmente: "Não era fácil conversar àquela hora em que todo mundo estava com sede e entrava no London sacrificando o último sopro de oxigênio pela duvidosa compensação de um meio litro ou de um Indian Tonic. Já não havia muita diferença entre o bar e a rua; pela Avenida de Mayo subia e descia agora uma multidão com pacotes e jornais e maletas, sobretudo maletas de tantas cores e tamanhos". Sugiro a releitura desse trecho quando você estiver numa das mesas do café.

Além de exibir livros, fotos e objetos que remetem ao escritor, o London City preserva a atmosfera da década de 1950 e a tradição dos bares notáveis de servir ótimos cafés, doces e salgados. As vitrines são fartas.

É, sem dúvida, um lugar para se proteger do ruído desvairado da Avenida de Mayo sem perdê-la de vista, tal como tentaram fazer os personagens de Cortázar. Um lugar para manter os olhos atentos e descansar os ouvidos e a mente antes de seguir viagem.

Aos aficionados por cafés e por Cortázar, aproveito o momento para sugerir a visita a outros dois locais inspirados em sua obra, em dois outros bairros da cidade: o Rayuela Bar, que fica próximo à casa em que viveu o escritor, na Calle General José Gervasio Artigas, esquina com a Calle Julio Cortázar, presente no Itinerário 7 (página 181); e o Café Cortázar, que fica no bairro de Palermo, no Itinerário 6 (página 169).

▌ LONDON CITY BAR

🛈 AV. DE MAYO, 591
📞 54 11 4342-9057
🚌 8, 22, 24, 28, 29, 56, 105
🚇 PERÚ (LINHA A), CATEDRAL (LINHA D), BOLÍVAR (LINHA E)
🕐 TODOS OS DIAS, DAS 6H À 0H
▢ WWW.LONDONCITY.COM.AR

TURÍSTICO, MAS E DAÍ?

Duas quadras adiante, no número 825 da Avenida de Mayo, está o mais famoso dos cafés notáveis da cidade. A proximidade com a Plaza de Mayo talvez seja um dos motivos da fama, mas não é só isso. O requinte do **CAFÉ TORTONI** **9**, extremamente preservado, e sua importância histórica são os ingredientes que fazem a diferença para turistas e portenhos. Paredes revestidas de madeira, vitrais exuberantes e colunas de mármore dão um clima aristocrático, que combina bem com a literatura do início do século xx, acrescido de um grande número de quadros, gravuras e fotografias de ícones do tango, do teatro e da literatura. Encontramos por exemplo, várias fotos de Ernesto Sabato, escritor argentino consagrado e antigo frequentador do local. Estará conosco neste guia, em breve.

O Tortoni foi inaugurado nesse endereço em 1898, sendo que havia outro Tortoni na esquina da Avenida Rivadavia com a Calle Esmeralda, aberto em 1858, o que faz dele um dos mais antigos cafés do país. Recebe esse nome em homenagem a um café parisiense que funcionava no Boulevard des Italiens, no centro da capital francesa. Ressurgiu no novo local sob o comando de um francês chamado Pedro Curutchet, que, segundo alguns conhecidos, se parecia com o escritor Anatole France (1844-1924), autor de clássicos como *A ilha dos pinguins* e *Os deuses têm sede*. No entanto, a relação com literatura vai muito além dessa semelhança – na época de Curutchet, o Tortoni já era local de tertúlias e *peñas* (que é como os argentinos chamam grupos de pessoas que se unem em torno de algum tema, como a literatura ou a música). Entre os frequentadores dessas primeiras épocas estava Baldomero Fernández Moreno, escritor que também estará conosco em outros momentos da viagem e autor do famoso poema "Viejo Cafe Tortoni", cuja primeira estrofe diz:

Apesar da chuva eu saí
a tomar um café.
Estou sentado
sob o toldo esticado e encharcado
deste velho e conhecido Tortoni.

Algumas décadas depois, o café passaria a ser frequentado também pela poeta Alfonsina Storni, por Jorge Luis Borges e pelo cantor Carlos Gardel, que ganharam "bonecos" em tamanho real nos fundos do salão principal. São três figuras bem feias, em minha opinião, mas que viraram um daqueles amuletos turísticos, tais como a estátua de Fernando Pessoa no Café A Brasileira, em Lisboa – o português,

CAFÉ TORTONI

- AV. DE MAYO, 825
- 54 11 4342-4328
- 8, 22, 24, 28, 29, 56, 105
- PERÚ, PIEDRAS E AVENIDA DE MAYO (LINHA A), CATEDRAL (LINHA D), BOLÍVAR (LINHA E)
- TODOS OS DIAS, DAS 8H À 1H
- WWW.CAFETORTONI.COM.AR

ITINERÁRIO 01

justiça seja feita, muito melhor, de metal. Seja como for, não diminuem o valor do passeio a esse que é um dos pontos de encontro mais importantes da cidade. Acrescento que foi no Café Tortoni que o escritor Roberto Arlt, de quem falaremos a seguir, leu seus textos em público pela primeira vez.

TERRITÓRIO DE ARLT

A pouco mais de uma quadra do Tortoni fica a **PLAZA ROBERTO ARLT** ⑩, cujo nome homenageia outro grande escritor, jornalista e dramaturgo argentino. Nascido em 26 de abril de 1900, Arlt é tido como um dos fundadores da narrativa argentina moderna, ao lado de Borges, e considerado um dos principais escritores a ter como base de sua escrita o *lunfardo*, espécie de gíria falada nos arredores da capital e empregada inicialmente por marginais e, posteriormente, assimilada pelas classes mais pobres. Entre seus principais livros estão *El juguete rabioso* (de 1926), *Os sete loucos* (1929) e *Los lanzallamas* (1931). No Brasil, os dois últimos títulos foram unidos em um único volume: *Os sete loucos & Os lança-chamas*, publicado em 2000 pela Iluminuras.

Como jornalista, Arlt colaborou com os jornais *Crítica* e *El Mundo*, sendo que parte de suas colunas diárias (de 1928 a 1935) foram reunidas no livro *Aguafuertes porteñas*, tido como uma das obras emblemáticas da literatura

argentina do início do século xx, e um retrato minucioso do período. No Brasil, foi publicado também pela editora Iluminuras como *Águas-fortes portenhas seguidas de águas-fortes cariocas*, pois inclui as impressões de Arlt durante uma estadia no Rio de Janeiro, em 1930.

Apesar da popularidade de suas crônicas, após falecer, em 1942, **Roberto Arlt** foi esquecido pela intelectualidade portenha, sendo redescoberto com intensidade na década de 1990, num verdadeiro *boom* literário que incluiu republicações, ensaios e adaptações de suas obras.

Inaugurada em 1971, a praça que leva o nome do escritor parece refletir sua biografia cheia de contradições e percalços. É cercada por grades e permanece fechada à noite, para evitar o acesso de pessoas sem moradia que circulam pela região durante a madrugada, vítimas da desigualdade social. Possui um leve ar de transgressão, com frequentadores consumindo maconha e bebidas tranquilamente e tipos descritos na ficção de Arlt.

Com uma infância pobre, o escritor nasceu no bairro de Flores, à época uma região distante do centro. Abandonou a escola antes de terminar o que seria no Brasil o Ensino Fundamental. Viu-se obrigado a trabalhar em diversas atividades – mecânico, relojoeiro, balconista, até tornar-se jornalista autodidata.

Dono de uma narrativa inebriante e recheada de tipos incomuns, prostitutas e malandros, Arlt me encantou com *Os sete loucos*, um dos meus livros preferidos durante a pesquisa para este guia. Entre tantas passagens, me vem sempre à cabeça a de um personagem que pretende criar uma tinturaria para cães, "que lançaria no mercado cães de pelo tingido de azul elétrico, buldogues verdes, lebreus violetas, fox-terriers lilases, cães de faro com fotografias de crepúsculos a três cores no lombo, cadelinhas com arabescos como tapetes persas", como descreve o narrador. O mesmo livro traz boas reflexões, das quais destaco uma que chamou minha atenção por sua sabedoria: "Ah! perder um sonho é quase como perder uma fortuna".

MORADA DE GARCÍA LORCA

Como na literatura, as grandes emoções podem estar nos detalhes. E foi num minúsculo quarto de um suntuoso hotel que realizei uma visita carregada de poesia e sensibilidade. O apartamento número 704 do conceituado **HOTEL CASTELAR** ⓫, na Avenida de Mayo, foi morada por quase seis meses do poeta e dramaturgo espanhol **Federico García Lorca** (1898-1936), autor de obras que marcaram a literatura e o teatro mundial, como *Romanceiro cigano* (1928, poesia), *Bodas de sangue* (1933, teatro) e *A casa de Bernarda Alba* (1936, teatro).
Inaugurado em 1929, além de gozar de prestígio, o Castelar estava – e está – localizado bem próximo ao antigo Teatro Avenida, inaugurado em 1908

PERDIDO ENTRE GIGANTES

Ao atravessar a Avenida 9 de Julio, rumo ao Hotel Castelar, nosso próximo destino, repare que há um monumento a Dom Quixote, personagem do espanhol Miguel de Cervantes. Embora seja de tamanho razoável– estimo quatro a cinco metros de altura –, perde-se em meio à grandiosidade de uma das principais avenidas da cidade, tal como um Quixote diante dos moinhos.

Obelisco da Plaza de Mayo, conhecido como Pirámide de Mayo. Para nós, a Pirámide de Cortázar, presente no livro *O exame final*. Ao fundo, a Casa Rosada, sede do governo argentino.

e que na década de 1930 tornou-se o principal palco para o teatro espanhol em Buenos Aires, incluindo, obviamente, peças de Lorca.

A visita guiada nos leva a um quarto que em nada lembra o luxo e a ostentação que a época exalava. Ao contrário, surpreende pela simplicidade, o tamanho diminuto e o reduzido número de móveis: uma cama de solteiro, uma pequena mesa de escritório, dois criados mudos, um deles com um abajur, e uma cortina de renda na janela, de onde se tem uma visão panorâmica da Avenida de Mayo. Talvez esse seja o principal atributo do apartamento, permitir a Lorca observar todo movimento de uma das mais movimentadas e importantes vias da cidade.

A emoção do passeio também fica por conta do envolvimento dos monitores do hotel, que declamam poesia e fazem relatos calorosos do distinto hóspede, a ponto de pensarmos que ele só saiu para tomar um café e logo estará de volta.

Lorca chegou à cidade em 1933, mais precisamente no dia 13 de outubro, com o intuito de realizar uma série de conferências. A visita estava prevista para durar duas semanas, mas prolongou-se até março de 1934, fazendo com que o escritor se hospedasse no Castelar por mais de cinco meses. Entre os motivos da esticada, está a amizade calorosa que teve com escritores e artistas da cidade, entre eles as irmãs Silvina e Victoria Ocampo, Manuel Mujica Lainez e a poeta Alfonsina Storni, dos quais falaremos mais adiante. Alfonsina Storni (1892-1938), por exemplo, publica na ocasião um poema intitulado "Retrato de García Lorca"; Manuel Mujica Lainez escreve "Romance para Federico", publicado no jornal *La Nación*, onde trabalhava.

Lorca reunia-se com esses e muitos outros artistas em encontros literários e tertúlias na cafeteria do hotel – no térreo, que integra a lista de bares notáveis – e num bar do subsolo, que já não existe. E, claro, em bares e cafés das imediações, como o Bar Iberia, segundo mais antigo de Buenos Aires, logo na esquina, fundado em 1897 e que permanece em atividade.

Federico García Lorca também foi cliente assíduo de outro bar das proximidades, cujo nome já deixa evidente o que vamos encontrar – o bar **LOS 36 BILLARES** ⑫. Possui em seu subsolo três dezenas de mesas de bilhar, para delírio de quem aprecia o jogo e estupefação dos que estão ali apenas por curiosidade. Mesmo que você não tenha habilidades para uma partida, vale uma bisbilhotada (em silêncio, por favor) no recinto, cuja atmosfera nos transporta facilmente para cenas literárias de romances e novelas.

Inaugurado em 1894, o Los 36 Billares oferece mais de cem anos de história,

LOS 36 BILLARES

- AV. DE MAYO, 1.265
- 54 11 4381-5696
- LIMA, SÁENZ PEÑA
- 7A, 7B, 8A, 8B, 8C, 8D, 105B
- TODOS OS DIAS, DAS 8H30 ÀS 2H
- GRÁTIS
- WWW.LOS36BILLARES.COM.AR

sendo durante todo o século XX um importante local de encontro de jornalistas, gente do teatro e intelectuais portenhos e estrangeiros. Em 2014, passou por uma grande reforma e reabriu no final do ano, fazendo renascer o tradicional bar, café, restaurante e casa de jogos, com suas paredes revestidas de madeira e o charme das luminárias que parecem aranhas. Outra particularidade desse bar é que ele não costuma ser citado nos roteiros mais básicos de turismo, que se restringem muitas vezes aos arredores da Plaza de Mayo. Isso garante um clima mais intimista, um ritmo mais lento aos garçons e a nós, e ressalta a elegância cultivada em mais de um século de história.

Entre o 36 Billares e o Palacio Barolo, nossa próxima parada, vale a pena prestar atenção na fachada curiosa do número 1.333, que mistura estilos e abriga hoje o edifício da Polícia Federal Argentina. Ali funcionou um dos periódicos de maior destaque do início do século XX, o diário vespertino **CRÍTICA** ⓲, fundado em 1913 por Natalio Botana, empresário uruguaio que em 1927 inaugurou nesse endereço sua nova sede, com sete andares e suntuoso projeto arquitetônico.

Considerado sensacionalista e popularesco, obteve muito sucesso na década de 1930 reunindo em sua equipe profissionais de antigos jornais populares e intelectuais da vanguarda literária portenha, entre eles alguns conhecidos nossos, como Roberto Arlt e Jorge Luis Borges. Borges, inclusive, dirigiu um suplemento dedicado à literatura que era publicado aos sábados. Alguns dos textos daquela época foram reunidos mais tarde em *História universal da infâmia*, lançado em 1935, que retrata ricamente os assassinos e valentões do subúrbio portenho. Entre eles estão Francisco Real e Rosendo Juárez, personagens de um duelo em "O homem da esquina rosada", texto que integra o livro. Falaremos mais desse conto no Itinerário 6 (página 154). O diário *Crítica* deixou de circular em 1962.

▌ HOTEL CASTELAR

- 🏠 AV. DE MAYO, 1.152
- 📞 54 11 4383-5000
- 🚌 7, 8, 64, 105
- 🚇 LIMA, SÁENZ PEÑA (LINHA A)
- 🕐 VISITAS GUIADAS: QUA., ÀS 17H
- 💲 PAGO
- 📱 WWW.CASTELARHOTEL.COM.AR

O PALÁCIO DE DANTE

Barolo é o sobrenome de um italiano pouco conhecido no Brasil, Luis Barolo, empresário do setor têxtil que encarregou outro italiano, Mario Palanti, de construir um edifício suntuoso inspirado na obra de um ilustre conterrâneo mundialmente conhecido, **Dante Alighieri**. Inaugurado em 1923, em estilo eclético, o PALACIO BAROLO ⑭ está repleto de analogias e referências ao épico *A Divina Comédia*, um poema monumental escrito em dialeto toscano no século xiv e que influenciou poetas, músicos, cineastas e pintores no decorrer de seus mais de setecentos anos de existência.

Durante o passeio, descobrimos algumas simbologias ocultas na gigantesca estrutura de concreto, como a divisão em três partes que norteia a obra de Dante: Inferno (térreo e subsolo), Purgatório (primeiro ao décimo quarto andar, sendo que cada dois andares representam um dos sete pecados capitais) e Paraíso (do décimo quarto ao vigésimo segundo). A estrutura toda, por sua vez, possui cem metros de altura e um total de 24 andares, o que corresponde respectivamente ao número de cantos e de estrofes do poema.

O ponto alto da visita (com o perdão do trocadilho) é a chegada ao terraço (ou Paraíso), que permite uma visão panorâmica da cidade, de 360º, e onde há um farol, que fica aceso nos passeios noturnos.

Além desse *recorrido* pela obra de Dante, há outros passeios temáticos oferecidos a quem visita o Barolo, diurnos e noturnos, em formato de tours fotográficos ou mesmo com performances de tango. Recentemente foi incluído na programação um passeio chamado "O Barolo com Borges", enriquecendo os roteiros com poemas do escritor argentino.

Para quem opta pela programação noturna, o charme está em tomar uma taça de espumante (já incluída no valor da entrada) lá no alto e terminar a visita olhando a cidade iluminada pelo farol do edifício. É surpreendente. Quando estive por lá, houve ainda um toque bem-humorado do guia, que para encerrar colocou sobre a luz do farol uma cartolina recortada com o símbolo do famoso homem morcego e o projetou no céu da cidade. Como diria Robin: "Santa piada, Batman!!".

▶ **PALACIO BAROLO**

🏙 AV. DE MAYO, 1.370

📞 54 11 4381-1885

🚌 7, 8, 64, 105

🚇 LIMA, SÁENZ PEÑA (LINHA A)

🕐 VISITAS GUIADAS: QUI., 20H30;
SEG., QUA., QUI., SEX. E SÁB., ÀS 20H; SEX. E SÁB., ÀS 20H E 22H

$ PAGO

📱 WWW.PALACIOBAROLOTOURS.COM.AR

Recepção do Palacio Barolo vista do
primeiro andar, num ângulo privilegiado
e muito geométrico, ótimo para passear
com os olhos.

ITINERARIO 01

Imagem que comprova a bat-brincadeira durante a visita ao Palacio Barolo. Foi assim que o símbolo do homem morcego foi projetado nos céus de Buenos Aires.

AOS AFICIONADOS

Sugiro ainda uma visita à **BIBLIOTECA DEL CONGRESO DE LA NACIÓN** ⑮, localizada num edifício ao lado do Palacio del Congreso, na Avenida Hipólito Yrigoyen, 1.750. É uma das instituições do gênero mais antigas da América Latina, criada em 1859. Para conhecê-la é necessário fazer a inscrição online, o que leva alguns minutos. Vale a pena. O clímax do passeio é a Sala de Colecciones Especiales, com suas estantes centenárias e aquele cheiro de biblioteca que com o tempo torna-se um vício. É o clima perfeito para encerrarmos nosso primeiro roteiro de forma coerente – na companhia de livros.

BIBLIOTECA DEL CONGRESO DE LA NACIÓN

- AV. HIPÓLITO YRIGOYEN, 1.750
- 54 11 4381-0976
- 6, 7, 37, 56, 60, 64, 86, 150
- CONGRESO, SÁENZ PEÑA (LINHA A)
- VISITAS GUIADAS: SEX., DAS 15H30 ÀS 17H (INSCRIÇÕES ONLINE)
- GRÁTIS
- WWW.BCN.GOB.AR

O IRMÃO URUGUAIO

Quem visita a capital uruguaia, Montevidéu, do outro lado do rio da Prata, tem a oportunidade de conhecer o edifício irmão do Palacio Barolo: o Palacio Salvo, construído pelo mesmo arquiteto e que também possui inspiração em Dante e um farol. Dizem que nos dias mais limpos os faróis acesos podem ser avistados um da torre do outro. O Palacio Salvo foi inaugurado em 1928 e localiza-se na Avenida Dieciocho de Julio, na Plaza Independencia, bem no centrão da cidade.

Imagem feita do alto do Palacio Barolo, no momento em que a luz do farol é projetada na cúpula do Congreso de La Nación Argentina. Uma noite memorável e extremamente fotogênica.

ITINERARIO 01

ITINE-RÁRIO
02

VIAS LITERÁRIAS

SAN NICOLÁS

Há três vias importantes no bairro de **San Nicolás**, região que conheceremos agora. A Calle Florida é uma das mais lembradas por turistas, em especial por brasileiros, que a têm como sinônimo de boas lojas e galerias. Exemplo de civilidade, foi a primeira rua de Buenos Aires a se tornar exclusiva para pedestres há mais de um século, em 1913. Existe em registros esparsos desde 1734, no período colonial, quando ali havia um caminho que margeava o rio da Prata. Com cerca de um quilômetro de extensão, preserva hoje o requinte portenho do início do século xx, materializado em fachadas de cafés, livrarias, lojas e galerias – é o caso da Galería Güemes, presente na obra de Cortázar e que foi morada de ninguém menos que o francês Antoine de Saint-Exupéry, autor de *El principito*, ou, em português, *O pequeno príncipe*.

O bairro de San Nicolás também é atravessado pela Avenida Corrientes, ou a "fantástica rua das livrarias", que é uma sugestão de apelido que você pode usar depois da visita. São mais de dez quadras tomadas por vitrines e estantes dedicadas exclusivamente ao comércio deste produto que tanto nos interessa – o livro.

E não podemos esquecer da Avenida 9 de Julio, com seu imponente obelisco, que compõem um dos principais cartões-postais da cidade e wonde, reparando bem, é possível notar que a literatura também se faz presente. Prepare-se para descobertas.

Av. Santa Fe
RETIRO
Marcelo Torcuato de Alvear
Rodríguez Peña
Montevidéo
Paraná
Uruguay
Talcahuano
Libertad
Cerrito
Av. 9 de Julio
Av. Carlos Pellegrini
Paraguay
Av. Córdoba
Viamonte
Plaza Lavalle
11
Tucumán
Tribunales
Lavalle
Carlos Pellegrini
10
9
Callao
Uruguay
Av. Corrientes
9 de Julio
SAN NICOLÁS
Sarmiento
Montevideo
Presidente Juan Domingo Perón
Bartolomé Mitre
Av. Rivadavia
Sáenz Peña
Av. de Mayo
Lima
Bernardo Trigoyen
San José
Santiago del Este
Av. Hipólito Yrigoyen
Salta
MONTSERRAT

ITINE-RÁRIO 02

1. GALERÍA GÜEMES
2. CONFITERÍA RICHMOND
3. LIBRERÍA EL ATENEO
4. CENTRO CULTURAL JORGE LUIS BORGES
5. GALERÍAS PACÍFICO
6. CASA NATAL DE BORGES
7. LIBRERÍA ALBERTO CASARES
8. AVENIDA CORRIENTES
9. EL GATO NEGRO
10. OBELISCO
11. TEATRO COLÓN

"— Creio que a verdade é boa para a matemática, a química, a filosofia. Não para a vida. Na vida são mais importantes a ilusão, a imaginação, o desejo, a esperança. Além do mais, será que sabemos o que é a verdade? Se eu lhe digo que aquele pedaço de janela é azul, digo uma verdade. Mas uma verdade parcial, e portanto uma espécie de mentira."

ERNESTO SABATO,

SOBRE HERÓIS E TUMBAS

Na vitrine de um dos quiosques do interior da Galería Güemes renasce Marilyn Monroe, memorável atriz do cinema estadunidense. Como você vai perceber, esta galeria é um portal para vários mundos.

ITINERÁRIO 02

PORTAL ENTRE CULTURAS

"Em Paris, tudo era Buenos Aires e vice-versa", escreve Cortázar em seu monumental *O jogo da amarelinha*, um dos mais prestigiados de sua carreira. A frase resume bem a dupla cidadania do escritor, filho de pais argentinos, nascido na Bélgica em 26 de agosto de 1914, sob os estrondos da Primeira Guerra Mundial e que viveu metade de sua vida na Argentina (dos 3 aos 37 anos) e a outra parte na capital francesa, com passagens pela Itália e Espanha.

Nasceu Julio Florencio Cortázar Descotte, como consta em sua certidão de nascimento, e faleceu, em 12 de fevereiro de 1984, aos 69 anos, sendo enterrado no cemitério de Montparnasse, no bairro parisiense de mesmo nome.

Reflexo dessa trajetória, sua obra nos leva de um continente a outro, muitas vezes abruptamente. *O jogo da amarelinha*, que tem sua narrativa entre as duas cidades, é um exemplo. Outro exemplo dessa ambivalência está no conto "O outro céu", lançado em 1966, no livro *Todos os fogos o fogo*, cujo personagem principal entra na GALERÍA GÜEMES ❶, logo no início da Calle Florida, e sai na Galerie Vivienne, no bairro parisiense de Opéra.

Nesse conto, um dos mais conhecidos do escritor argentino, o narrador deixa evidente a forte atração por lugares fechados, por galerias e passagens que fizeram parte de sua vida: "Lembro-me, especialmente, dos cheiros e sons, algo como uma expectativa e uma ansiedade, o quiosque onde se podiam comprar revistas de mulheres nuas e anúncios de falsas manicuras, e, já naquela época, eu era sensível a esse falso céu de gesso e claraboias sujas, a essa noite artificial que ignorava a estupidez do dia e do sol lá fora", escreve.

Hoje, em homenagem ao autor, dentro da Güemes há uma placa com outro fragmento do mesmo conto, dessa vez com uma referência direta ao local: "Minha noiva, Irma, acha inexplicável que eu goste de vagar à noite pelo centro ou pelos bairros do sul, e se soubesse de minha predileção pela Passagem Güemes ficaria escandalizada". Aos apaixonados pela obra de Cortázar, fica a dica de ler o conto no interior da galeria e depois percorrer seus exatos 116 metros, que ligam a Calle Florida à San Martín, do outro lado da quadra.

Inaugurada em 1915, a Güemes começou a ser construída em 1913, em estilo art nouveau, e é considerada a primeira edificação erguida na cidade totalmente de concreto armado, algo inovador para a época. Sua concepção é inspirada nos grandes espaços internos europeus, com sua multifuncionalidade e imponência – abrigava salões de eventos, restaurantes, salas de escritório, hotéis e salas comerciais. Seu nome homenageia o general Martín Miguel de Güemes, herói da Guerra da Independência Argentina, e sua estrutura chama a atenção também pelas cúpulas, vitrais e claraboias, que criam um inusitado jogo de luz, cores e sombras. Possui ainda um mirante com 87 metros de altura, que reabriu ao público em 2013 e proporciona uma visão panorâmica da cidade.

No interior da galeria, do lado oposto à placa em homenagem a Cortázar, há outra insígnia, maior e mais chamativa, que nos leva novamente à França, dessa vez ao escritor francês **Antoine de Saint-Exupéry** (1900-1944), que morou no sexto andar da Galería Güemes, entre 1929 e 1930. Foi ali que escreveu *Voo noturno*, publicado em 1931, um ano depois de lançar o clássico *O pequeno príncipe*.

Ao contrário de Cortázar, teve como inspiração o céu aberto, vislumbrado em suas aventuras como aviador, profissão que exerceu numa época em que se começava a explorar rotas noturnas com aeronaves de transporte dos correios. Chegou a Buenos Aires aos 29 anos, como funcionário da Compagnie Générale Aéropostale, na qual atuou como inspetor da nova zona instalada na América do Sul, na capital argentina. Em um dos prefácios de *Voo noturno*, numa edição de 1973, o escritor André Gide explica que o aviador fez parte de uma corrida contra o tempo para competir com os outros meios de transporte, a ponto de realizarem voos extremamente perigosos.

Voo noturno pode ser considerado uma autobiografia de Saint-Exupéry na pele de um piloto comercial, a qual chama a atenção pelas belíssimas descrições da noite, das cidades vistas de cima, das luzes cintilantes. "Os camponeses creem que a luz do seu lampião ilumina apenas a mesa humilde, mas, a oitenta quilômetros de distância, alguém já distinguiu o apelo dessa luz, como se aqueles homens a balançassem, desesperados, numa ilha deserta, em frente ao mar", descreve o francês.

Outra diferença entre Cortázar e Saint-Exupéry é que o segundo detestava Buenos Aires, o que deixou explícito nas cartas para sua mãe: "Nesta cidade sou um prisioneiro [...]. Buenos Aires, cidade lúgubre, se diria uma torta mal cozida [...] pessoas tristes e nem um lugar onde passear".

Anos mais tarde, em 1944, Saint-Exupéry faria seu último voo, dessa vez como piloto de guerra. Seu avião desapareceu numa manobra de reconhecimento das tropas alemãs no mar Mediterrâneo. Os destroços nunca foram encontrados.

Lamentavelmente, também não há vestígios de sua residência na Galería Güemes. O andar onde viveu passou por várias transformações, mas o apartamento ainda existe e pode ser visitado. Infelizmente, quando estive lá o quarto estava fechado para reformas. A placa em homenagem ao francês nos conduz à atmosfera da época, que ainda encontra-se preservada. Como nossa vontade de fantasiar, levantar voo.

GALERÍA GÜEMES

- CALLE FLORIDA, 165/SAN MARTÍN, 170
- 54 11 4331-3041
- 24, 29, 50, 146
- PLAZA DE MAYO (LINHA A), FLORIDA (LINHA B), CATEDRAL (LINHA D)
- SEG A SEX., DAS 8H ÀS 20H; SÁB., DAS 9H ÀS 15H
- GRÁTIS
  VISITAS GUIADAS: SEG. A SEX., DAS 9H20 ÀS 12H E DAS 15H ÀS 17H
  PAGO
- WWW.GALERIAGUEMES.COM.AR

UM *FLÂNEUR* PARISIENSE

Cortázar cultivava o hábito de caminhar pela cidade. Isso fica nítido em vários de seus textos, com personagens que circulam por quadras e mais quadras, vão de um bairro a outro, quase sempre em busca do inesperado. Um belo exemplo desse lado *flâneur* – expressão bem pertinente para quem viveu em Paris – está nos jogos de encontros e desencontros de Maga e Oliveira, personagens de *O jogo da amarelinha*, descritos em detalhes pelo narrador: "A técnica consistia em marcar encontros vagos num bairro em determinado horário. Eles gostavam de desafiar o perigo de não se encontrarem, de passarem o dia sozinhos, metidos num café ou sentados num banco de praça, lendo-um-livro-mais". Quando se encontravam, Maga e Oliveira iam para um bar ou café para reconstruir o que haviam feito, traçando rotas nas quais poderiam ter se encontrado ou não. "Os encontros, por vezes, eram tão incríveis que Oliveira propunha uma vez mais o problema das probabilidades, revirando-o por todos os lados, desconfiadamente. Não era possível que a Maga decidisse dobrar aquela esquina da Rue de Vaugirard exatamente no mesmo momento em que ele, cinco quarteirões abaixo, renunciava a subir pela Rue de Buci, e se orientava na direção da Rue Monsieur le Prince sem qualquer razão, deixando-se levar, até vê-la de súbito, parada em frente a uma vitrina, absorta na contemplação de um macaco embalsamado", escreve. Fica a dica para encontros inusitados em Buenos Aires.

UM LUGAR QUE (QUASE) NÃO EXISTE

No número 468 da Florida temos o edifício onde funcionou a CONFITERÍA RICHMOND ❷, inaugurada em 1917, ponto de encontro de literatos no início do século xx.

Ali se reuniam os colaboradores da revista *Martín Fierro*, importante periódico literário publicado entre 1924 e 1927, tendo entre seus colaboradores o pintor Xul Solar e o jovem Borges, na época com pouco mais de 20 anos. O grupo ficou conhecido informalmente como Grupo Florida, que, segundo alguns críticos e historiadores, rivalizava com outro grupo literário, o Grupo Boedo, que se reunia no bairro homônimo, mais afastado do centro. Seria uma espécie de divisão política, com ideais que "opunham os escritores sociais e revolucionários de Boedo e os refinados e vanguardistas aristocratizantes de Florida". Para alguns pesquisadores, essa rivalidade teria sido uma invenção dos integrantes dos dois lados, que se divertiam com a polêmica.

A Confitería Richmond foi também o local onde Cortázar conheceu Aurora Bernardes, escritora e tradutora com quem viveu a partir da década de 1950 até o final da de 1960. Foi durante

Ao entrar na Galería Güemes, o personagem do conto "O outro céu", de Julio Cortázar, é transportado misteriosamente para a Galerie Vivienne, em Paris, do outro lado do Atlântico.

Galerie Vivienne, localizada no bairro parisiense de Opéra, em Paris. Essa imagem integra meu livro *A luz de Paris - guia turístico literário da capital francesa*, lançado em 2012.

uma reunião de amigos em comum, a maioria escritores, em meados de 1948, quando Cortázar descobriu que Aurora havia lido e gostado muito de "A casa tomada", um de seus contos mais conhecidos, publicado pela primeira vez em 1946, em *Los Anales de Buenos Aires*, revista da qual Borges era chefe de redação. A edição contou também com ilustrações de Norah Borges, irmã de Borges. Ou seja: motivos de sobra para que a antiga confeitaria apareça em vários momentos de sua obra, como no livro *Histórias de cronópios e de famas*, lançado em 1962, no qual narra que um cronópio (ser fantástico criado por ele) "toma um café na Richmond da Florida e molha uma torrada com suas lágrimas naturais". Devo admitir que esse é um dos meus livros preferidos de Cortázar, e um dos mais divertidos.

A Confitería Richmond, depois de permanecer fechada por anos, reabriu como uma loja multimarcas de esporte. Do interior da antiga confeitaria foi preservado cerca de dez por cento, num canto, entre tênis e meias, com algumas cadeiras que ladeiam um balcão onde se serve café preparado em cápsulas de plástico descartáveis. Há quem goste, certamente, mas tais mudanças geraram muito descontentamento entre os portenhos, que chegaram a protestar na porta do estabelecimento. A fachada, felizmente, foi toda restaurada, mantendo o espírito da época – quebrado apenas por uma pequena placa com o nome da loja.

O ATENEU

A pouco mais de cem metros da antiga Confitería Richmond, na Calle Florida, 629, está a LIBRERÍA EL ATENEO ❸. Inaugurada em 1912, essa foi a loja que deu início a uma rede de livrarias que se espalhou pelo país, além de uma importante editora, ambas de grande prestígio em Buenos Aires. Localizada num edifício de dois andares do início do século XX, restaurado no ano 2000, era bastante frequentada por jornalistas do *La Nación*, periódico fundado em 1870 e cuja sede foi durante muitos anos um prédio bem em frente.

Se seguirmos um pouco mais no tempo, podemos recordar também os colaboradores da revista *Sur*, fundada pela escritora Victoria Ocampo em 1931, que tinha sua redação na Calle Viamonte, a poucas quadras dali. Alguns deles foram nomes conhecidos da literatura – Borges, Adolfo Bioy Casares e Ernesto Sabato, que serão nossos companheiros de viagem mais adiante, e estrangeiros como Federico García Lorca, Octavio Paz, Gabriel García Márquez e Pablo Neruda. Eram atraídos pelos livros e pela cafeteria, que ainda funciona no piso superior.

Além de ser uma bela livraria, El Ateneo tem um ótimo acervo de literatura argentina, no térreo. Vale a pena ficar atento aos livros da própria editora, que possui um catálogo incrível e preços que tornam mais fácil descobrir novos escritores ou se nutrir da língua espanhola. Eu mesmo, quando estive na livraria, acabei levando a *Autobiografía* de Borges (no Brasil lançada como *Ensaio autobiográfico*), que me acompanhou durante todo o processo de produção deste guia.

E um aviso: muita gente confunde a Librería El Ateneo com a Librería El Ateneo Grand Splendid, que pertence ao mesmo grupo e fica no bairro de La Recoleta – Itinerário 5 (página 142). Montada em um antigo teatro, a Grand Splendid, como o próprio nome sugere, é considerada uma das mais belas livrarias do mundo. Chegaremos lá.

ENTRAR POR UMA PORTA, SAIR PELA OUTRA

Referência direta ao escritor, o **CENTRO CULTURAL JORGE LUIS BORGES** ❹ tem entre as atrações uma exposição permanente que nos inicia em sua vida e obra, com fotos, objetos, livros e alguns bons textos. Há, por exemplo, a cópia de um desenho de tigre que o escritor fez ainda criança, sugerindo a importância desse animal como símbolo de seu universo literário, o que vou detalhar um pouco mais no Itinerário 6 (página 157). Outro exemplo é um painel com livros que influenciaram sua vida, como *Dom Quixote*, de Miguel de Cervantes, e *A Divina Comédia*, de Dante Alighieri, bem como importantes revistas e jornais de várias épocas.

Além disso, o Centro Cultural Borges pode ser um deleite para os que buscam alternativas de cinema e teatro, pois possui boas salas e uma programação de espetáculos, oficinas e exposições de arte de ótima qualidade. Sem contar que o próprio espaço é arquitetonicamente diferenciado, nos moldes dos modernos museus do mundo, contrastando harmonicamente com o local onde está montado, dentro das **GALERÍAS PACÍFICO** ❺, espaço que mantém ao mesmo tempo a atmosfera do início do século xx e ares de shopping center. Consideradas Patrimônio Histórico Nacional, as galerias foram

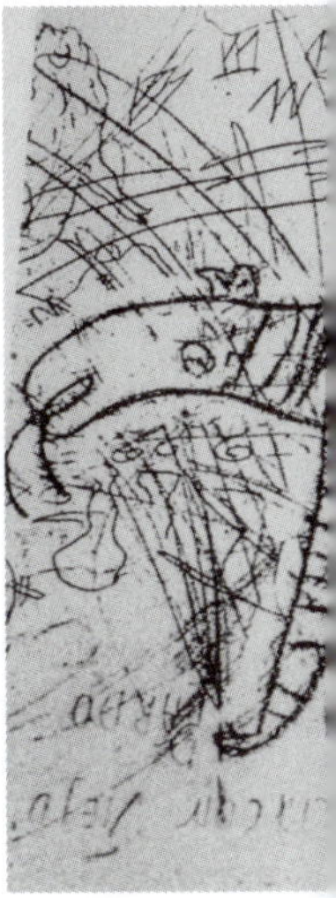

GALERÍAS PACÍFICO

- 🏢 CÓRDOBA, 550
- 📞 54 11 5555-5110
- 🚌 6, 22, 23, 26, 28, 33, 45, 50, 62, 74, 109, 115, 126, 152, 195
- 🚇 FLORIDA (LINHA B), LAVALLE (LINHA C)
- 🕐 TODOS OS DIAS, DAS 10H ÀS 21H
- 💲 GRÁTIS
- 📱 WWW.GALERIASPACIFICO.COM.AR

CENTRO CULTURAL BORGES

- 🏢 VIAMONTE, 525
- 📞 54 11 5555-5449
- 🚌 6, 9, 10, 17, 22, 23, 28, 33, 45, 50, 56, 61
- 🚇 FLORIDA (LINHA B), LAVALLE (LINHA C)
- 🕐 SEG. A SÁB., DAS 10H ÀS 21H; DOM., DAS 12H ÀS 21H
- 💲 GRÁTIS
- 📱 WWW.CCBORGES.ORG.AR

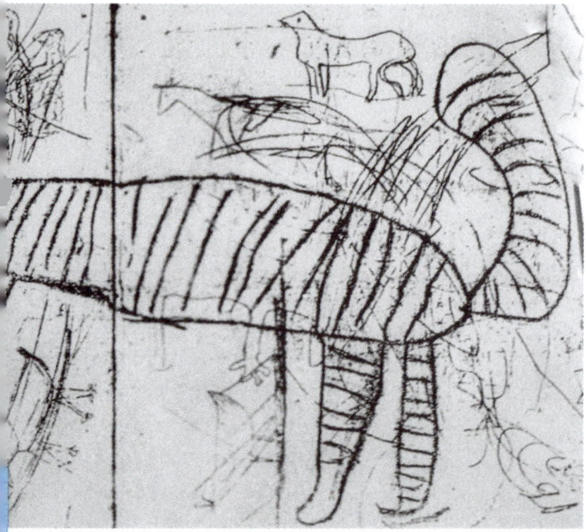

Fac-símile do desenho de tigre feito por Jorge Luis Borges quando criança, exposto no Centro Cultural Borges.

inauguradas em 1889 e ainda hoje atraem um grande número de turistas.

Aos que buscam mais que compras, vale apreciar os murais de sua cúpula, criados por cinco pintores argentinos: Antonio Berni, Lino Enea Spilimbergo, Manuel Colmeiro, Demetrio Urruchúa e Juan Carlos Castagnino. Uma década antes, os quatro primeiros haviam auxiliado o muralista mexicano David Alfaro Siqueiros na pintura de *Ejercicio plástico*, aproveitando a oportunidade única de aprender a técnica do grande mestre que visitava a cidade. Por esse motivo, sugiro ir ao Centro Cultural Borges pela Calle Florida, atravessando as Galerías Pacífico, em vez da Calle Viamonte, seu endereço oficial. A saída pode ser pela Viamonte, onde há uma das Librerías Cúspide, outra importante rede da cidade. Se o espírito consumista atacar, está aí a sua chance de fazer boas compras.

ENTRE METRÔS, CAFÉS E LIVROS

Ainda sob a égide de Julio Cortázar, e aproveitando que estamos numa região com muitas estações de metrô, faremos um roteiro especial utilizando esse meio de transporte que fascinava o escritor. Tal predileção está presente em pelo menos dois contos – um deles é "Pescoço de

LIBRERÍA EL ATENEO

- CALLE FLORIDA, 340
- 54 11 4325-6801
- 6, 26, 50, 111, 140, 146, 180
- FLORIDA (LINHA B)
- SEG. A SEX., DAS 9H ÀS 20H; SÁB., DAS 9H ÀS 17H
- $ GRÁTIS
- WWW.YENNY-ELATENEO.COM

UM MEXICANO QUE DANÇA TANGO

Pausa para falarmos de um mexicano cuja trajetória artística mistura-se com a história da Argentina da década de 1930. Foi nesse ano que o muralista David Alfaro Siqueiros, em visita ao país para uma série de palestras e conferências, recebeu um convite do empresário Natalio Botana, dono do jornal *Crítica*, para pintar um mural no sótão de sua casa em Los Granados, na Grande Buenos Aires. A obra *Ejercicio plástico* foi pintada do piso ao teto e toma todo o espaço do cômodo. Ficou fechada por anos, em litígio legal entre empresas que disputavam sua propriedade, e, em 2003, foi declarada Bem de Interesse Histórico Nacional, por um decreto do presidente Néstor Kirchner, o que impediu sua venda e saída do país. Anos mais tarde, foi levada para o Museo del Bicentenário, que fica atrás da Casa Rosada. Recomendo a visita.

Para quem tem alguma facilidade de ler em espanhol, indico a leitura de *Cautivo – el mural argentino de Siqueiros*, do jornalista Álvaro Abós, que inicia sua narrativa com uma frase que despertou minha curiosidade prontamente: "Vou escrever a história de uma pintura que nunca vi". Lançado em 2004, antes que a pintura de Siqueiros estivesse exposta ao público, o livro dá todo o contexto da época, além de detalhar os personagens envolvidos nos bastidores da produção do mural. Narra, por exemplo, o encontro notável, ocorrido na casa de Botana, entre García Lorca e o poeta chileno Pablo Neruda, que vivia na cidade como cônsul do Chile. Uma prova irrefutável de que o universo conspira. E inspira.

Álvaro Abós também é autor do *Al pie de la letra – guía literária de Buenos Aires*, que apresenta uma viagem profunda pelo universo literário portenho. Lançado em 2000, pode ser um segundo estágio para quem quer se aprofundar na cultura da capital argentina. Para dar um gostinho, traduzi uma frase que acompanha o prólogo da edição de 2011, que ganhei de meu grande amigo Otavio Valle. Abós diz: "É que as histórias têm raízes, como as árvores. Às vezes se veem e às vezes não. Mas essas raízes, nessas e em outras muitas ficções, se fundem em uma terra determinada. E neste caso essa terra é Buenos Aires". Quem sabe, sabe.

gatinho preto", publicado no livro *Octaedro*, em 1974, no qual o movimento dos vagões atua como catalisador de quase toda a trama narrativa. O personagem aproveita o vaivém das curvas para roçar as mãos de uma mulher como que por descuido. Algo parecido ocorre no conto "Manuscrito achado num bolso", também de *Octaedro*, cujo personagem busca encontros casuais no metrô parisiense. Nesse texto, Cortázar compara o intricado mapa de linhas do metrô parisiense a um "esqueleto mondrianesco", cujos galhos coloridos são uma vasta, "porém limitada, superfície de subtendidos pseudópodes".

No caso de Buenos Aires, vale dizer que o Subte (como os portenhos se referem ao metrô) teve sua primeira linha inaugurada em 1913, tendo sido o primeiro do hemisfério Sul. Até poucos anos mantinha vagões antigos, que eram uma das atrações turísticas da cidade. Foram retirados de circulação, mas algumas estações, como a Perú (Linha A), ainda preservam a atmosfera do início do século XX. Aos que querem seguir as pegadas de Cortázar e de outros escritores pelos subterrâneos de Buenos Aires sugiro começar pela Estación Plaza de Mayo, à direita da Casa Rosada, e seguir pela Linha A até a Estación Plaza Miserere. A partir daí, são pouco mais de seis quadras até o número 277 da Calle General Urquiza, onde conheceremos a **Escuela Normal del Profesorado Mariano Acosta**. Nessa instituição secular foi onde Cortázar formou-se professor, aos 18 anos, e, três anos depois, especializou-se em Letras. Estava selada a

relação de Cortázar com a literatura, e iniciava-se ali um período de profundo crescimento intelectual, tanto pelos estudos curriculares quanto pelo número de títulos e autores que passaram a fazer parte da cabeceira do argentino. Roberto Arlt é um bom exemplo, contribuindo com sua linguagem viva, vinda das ruas; Borges é outro; Leopoldo Marechal (1900-1970), autor de uma das mais notórias novelas argentinas, *Adán Buenosayres*, publicada em 1948, também recebe a atenção do escritor, que faz uma resenha sobre ela na revista *Realidad*. Também foram tempos de grandes amizades, como é o caso de Jacinto Cúcaro, responsável pela área de Pedagogia da escola e a quem Cortázar dedicou o conto "Torito", presente no livro *Final do jogo*, de 1956.

Além de sua aura literária, a Mariano Acosta preserva na imponente fachada parte importante da história do fim do século XIX. Fundada em 1874, a escola foi desenhada pelo arquiteto italiano Francesco Tamburini, que também é autor do projeto da Casa Rosada (sede do governo) e do desenho original do Teatro Colón. É dessas obras que merecem ser apreciadas, examinadas, mesmo que por alguns segundos.

De volta à Estación Plaza Miserere, seguimos no sentido San Pedrito para a Estación Castro Barros. De lá, são poucos metros até a **Confitería Las Violetas**, outro notável que merece a visita. Foi inaugurada em 1884, mas o prédio atual, na Avenida Rivadavia, número 3.899, é do início da década de 1920, preservando belos vitrais (do mesmo autor dos vitrais do Café

Tortoni) e piso de mármore italiano. Refinamento ideal para quem quer desfrutar de uma mesa de chá com deliciosas combinações de doces e pães, tomar café da manhã ou mesmo almoçar ou jantar.

A Linha E nos leva a um lado pouco conhecido da vida de Jorge Luis Borges. Seguindo no sentido Estación Plaza de los Virreyes-Eva Perón, a nossa próxima parada é a Estación Avenida La Plata, onde estamos a duas quadras da **Biblioteca Pública Miguel Cané**, na Avenida Carlos Calvo, 4.319. Criada em 1927, foi onde Borges teve o primeiro emprego fixo, de 1937 a 1946. Antes disso, o escritor vivia de serviços avulsos, informais, como traduções e artigos para revistas. "Através de amigos, consegui um posto de auxiliar na sucursal Miguel Cané da Biblioteca Municipal, em um bairro cinza e monótono ao sudoeste da cidade", narra Borges em seu *Ensaio autobiográfico*.

O escritor já era um autor reconhecido nos círculos intelectuais, mas, ironicamente, na biblioteca ninguém sabia de sua importância. "Uma vez um companheiro encontrou em uma enciclopédia o nome de um tal Jorge Luis Borges, e ficou surpreso com a coincidência de nossos nomes e as datas de nascimento", conta nesse mesmo livro.

Para nosso deleite, um dos cômodos da biblioteca preserva parte de seu escritório e exibe a velha máquina de escrever usada por ele, além de fotografias e primeiras edições de seus livros.

Borges trabalhou como catalogador, e, conta-se, por ter bastante tempo livre, ia ao porão para escrever. Alguns de seus contos mais representativos, como "A biblioteca de Babel", "A morte e a bússola" e "As ruínas circulares", todos do livro *Ficções*, foram escritos (ou ao menos burilados) ali.

Em 1946, quando sobe ao poder Juan Domingo Perón, Borges perde seu emprego na biblioteca e, como escreve mais tarde, ironicamente, é 'elevado' ao cargo de inspetor de aves e coelhos nos mercados". Borges renuncia ao novo posto e fica temporariamente desempregado. Para nós que estamos de férias, vale continuar a busca literária com uma parada estratégica na Estación Boedo (Linha E), regressando no sentido Estación Bolívar. De lá, caminhando até o número 857 da Avenida Boedo, chegaremos ao **Café Margot**, notável em atividade desde 1904. Na

---

CONFITERÍA LAS VIOLETAS

- RIVADAVIA, 3.899
- 54 11 4958-7387
- 19, 26, 90, 105, 127, 128, 160
- CASTRO BARROS (LINHA A)
- TODOS OS DIAS, DAS 6H À 1H
- GRÁTIS
- WWW.LASVIOLETAS.COM

Placa na Galería Güemes indica a passagem do escritor francês Antoine de Saint-Exupéry, que viveu ali entre 1929 e 1930, trabalhando como aviador da Compagnie Générale Aéropostale.

década de 1920 esse foi o ponto de encontro de jovens escritores vanguardistas (entre eles Roberto Arlt), que tinham como quartel general a Editorial Claridad, localizada no número 837 da mesma avenida. Preserva o clima dos bares mais simples, típicos de bairros afastados do centro, mas, nesse caso, sem perder a atmosfera de quem já leva um século de histórias em suas mesas.

Aos aficionados, nos fundos há uma pequena biblioteca com livros, fotos e frases de escritores famosos, onde são realizados encontros literários e lançamentos de livros. É possível acompanhar a programação pelo site. O Café Margot é também conhecido por ter inventado o sanduíche de *pavita al escabeche*, um clássico portenho, e por servir deliciosas cervejas artesanais. *¡Buen provecho!*

CAFÉ MARGOT

- 🏠 BOEDO, 857 (ESQUINA COM SAN IGNACIO)
- 📞 54 11 4957-0001
- 🚌 7, 23, 53, 75, 97, 115, 126, 127, 160
- 🚇 BOEDO (LINHA E)
- 🕐 DOM. A QUI., DAS 8H ÀS 2H; SEX. E SÁB., DAS 8H ÀS 4H
- $ GRÁTIS
- 💻 WWW.LOSNOTABLES.COM.AR

CASA NATAL DE BORGES

Uma placa no número **840 DA CALLE TUCUMÁN** ❻ indica que ali nasceu Jorge Luis Borges, em 24 de agosto 1899, "considerado um dos maiores escritores do século xx". A casa, que já não existe mais, pertencia aos avós maternos, e pouco do que se sabe é descrito pelo próprio Borges em seu *Ensaio autobiográfico*: "Como a maioria das casas da época, tinha um teto plano, um corredor, dois pátios e uma cisterna de onde tirávamos água", diz o autor, que se mudaria dali com a família com apenas 2 anos de idade. Após o nascimento de sua irmã, Norah, um ano depois de Borges, a casa teria ficado pequena para o casal e os dois filhos, sendo assim necessária a transferência para a Calle Serrano – hoje Calle Jorge Luis Borges, presente no Itinerário 6 (página 166). Seja como for, a pequena placa é o álibi perfeito para conhecermos um pouco mais da sua vida e de sua família.

Borges nasceu Jorge Francisco Isidoro Luis Borges, mas é chamado por seus familiares mais próximos apenas de Georgie. É filho de Jorge Guillermo Borges e Leonor Acevedo Suárez, que lhe transmitiram o interesse pela arte e pelo conhecimento, o que lhe incutiu a vocação pelas letras desde os 6 anos. Embora não seja de uma família abastada da capital portenha, sua árvore genealógica está repleta de figuras notórias, famosas por participar de batalhas importantes que desembocaram na independência do país. O avô de sua mãe, por exemplo, Manuel Isidoro Suárez, nascido em 1799, destacou-se sob o comando de Simón Bolívar em guerras no Chile, Peru e Uruguai. O avô de Borges por parte de pai, Francisco Borges Lafinur, nascido em 1835, em Montevidéu, lutou ao lado do destacado general Urquiza na Batalha de Caseros, que deu início à derrocada de Juan Manuel de Rosas, personagem citado no início do nosso passeio.

A fluência de Borges no inglês, língua que dominou desde criança, provém do fato de que seu avô paterno casara-se com uma inglesa chamada Frances Haslam, e seu pai aprendera o idioma desde pequeno. O pai de Borges, que era advogado, dava aulas de inglês na Escuela Normal de Lenguas Vivas de Buenos Aires e fez questão de que a esposa também aprendesse o idioma com fluência. Assim, dentro de casa, Jorge Luis Borges falava indistintamente o inglês e o espanhol, o que explica as preferências literárias do escritor, cuja a primeira novela que lembra de ter lido foi *As aventuras de Huckleberry Finn*, de Mark Twain. Seguiram-se obras de H. G. Wells, Edgar Allan Poe, Charles Dickens, Lewis Caroll entre outros, todos em seus originais na língua inglesa.

ESCURECER DA LETRA

Aqui cabe contar um pouco sobre a cegueira de Borges, que começou a se manifestar na infância, devido a uma doença degenerativa genética da retina, herdada do pai, que também ficou cego. "A cegueira foi me alcançando gradativamente desde a infância. Foi como um lento entardecer de verão; não teve nada de patético nem de dramático", relata o escritor.

Em 1950, aos 51 anos, já não conseguia enxergar praticamente nada, e dependia de amigos e parentes para locomover-se e dar continuidade à sua obra – ditava frase por frase, várias vezes, até que chegasse à perfeição. Fácil imaginar que a cegueira e a escuridão tornaram-se um tema recorrente em seus livros.

Um exemplo emblemático é o poema "Um cego", que encontrei numa tradução do poeta Augusto de Campos, presente no livro *Quase Borges: 20 transpoemas e uma entrevista* (2013, Terracota Editora). Trata-se de uma edição limitada, organizada pelo poeta concretista brasileiro, nascida de um encontro inesperado com Borges durante uma viagem de férias a Buenos Aires. Num golpe de sorte, discou o número do escritor e em poucas horas estava em sua casa, para uma conversa tão poética quanto estas estrofes:

Não sei qual é a cara que me mira
Quando olho minha cara em um
espelho;
Em seu reflexo não sei quem é o velho
Que me olha com cansada e miúda ira.

Lento na sombra, com a mão exploro
As invisíveis rugas. Eis que assoma
Um lampejo. Vislumbro a tua coma
Que hoje é cinza ou ainda é de ouro.

Repito que perdi unicamente
A aparência superficial das cousas.
O consolo é de Milton e é potente,

Mas penso nas palavras e nas rosas.
Penso que se pudesse ver-me a cara
Saberia quem sou na tarde rara.

Outro exemplo é o poema "O cego", publicado em 1975 no livro *La rosa profunda*, que trata exclusivamente do tema. Em uma de suas mais famosas entrevistas, concedida em 3 de agosto de 1977, no Teatro Coliseu, em Buenos Aires, Borges fala especificamente de sua cegueira e da preferência por algumas cores que acompanham seu imaginário. Em especial, ele cita o amarelo dos tigres do zoológico do bairro de Palermo, que visitou com frequência durante a infância. Chegaremos lá. Nos cabe agora seguir o passeio com os olhos bem abertos.

A DESPEDIDA

"Não vivo de best-sellers", faz questão de esclarecer o livreiro Alberto Casares, proprietário da livraria que leva seu nome e é uma das mais tradicionais da cidade. Um dos motivos é justamente ser uma "livraria de livreiros", como completa Casares, dessas que você tem longos papos com os vendedores (muitas vezes o proprietário) apaixonados por literatura, que parecem querer mais compartilhar suas preferências do que vender. Tornaram-se uma raridade nos dias de hoje.

Fundada em 1975, a **LIBRERÍA ALBERTO CASARES** 7 ainda segue com seus tesouros em forma de primeiras edições, ostentando exemplares raros de obras como *Fervor de Buenos Aires* e *O fazedor*, ambas de Borges, *A invenção de Morel*, de Adolfo Bioy Casares, entre outras. É especializada

Obelisco da Avenida 9 de Julio:
monumento modernista, marco da
paisagem, passagem obrigatória,
pura poesia urbana.

ITINERÁRIO 02

em literatura, história, arte argentina e hispano-americana, mas se você quiser algo específico eles podem conseguir: "Buscamos livros como se buscam pérolas, algo de garimpo", explica Casares com uma metáfora cheia de poesia.

A livraria é também guardiã de histórias preciosas ligadas à literatura. Uma em especial nos remete à morte de Borges, um dos seus mais afamados frequentadores. Foi na Alberto Casares que o escritor passou sua última tarde em Buenos Aires, em 1985, antes de viajar para a Europa, onde faleceria um ano mais tarde, em 14 de junho de 1986. O escritor havia comparecido a uma exposição sobre suas primeiras edições, organizada pelo proprietário, e, na despedida, disse em tom de ironia que iria à Suíça para morrer. Todos estranharam, mas o fato é que Borges nunca mais voltou à cidade.

AVENIDA DOS LIVROS

Nossa próxima via literária chama-se **CORRIENTES** 8. É dessas avenidas que são incluídas nos guias de viagem como atrativo turístico, como a Paulista em São Paulo, a Champs-Élysées em Paris ou a Quinta Avenida em Nova York.

No caso de Buenos Aires, para nossa alegria, estamos falando de mais de dez quadras abarrotadas de estabelecimentos dedicados à venda de livros, a ponto de ser conhecida como "rua das livrarias", ou, para alguns, "o paraíso dos leitores". E não há exagero. Entre o Obelisco e a Avenida Callao há livrarias para todos os tipos de estante, com valores para todos os bolsos, ambientes para todo tipo de leitor, de grandes bookstores genéricas a pequenas lojas em que você é atendido pelo dono. Uma maravilha.

Destaco a Librería Losada (no número 1.551), a De la Mancha Libros (no 1.888) e a Librería Hernández (no 1.436), que me cativaram por diversos motivos – ambiente, livros que encontrei, atendimento, opções de literatura argentina e assim vai. Diante de tanta diversidade, minha dica é manter o radar ligado: ao menor sinal de empatia por alguma livraria, não hesite e entre.

A Corrientes acumula outro feito literário por estar ligada à biografia de dois grandes mestres: o poeta chileno **Pablo Neruda** (1904-1973) e o filósofo e escritor italiano Umberto Eco (1932-2016). Neruda morou no número 456 com sua esposa, Maria Antonieta Hagenaar, no período em que ele era cônsul de seu país, entre 1933 e 1934. "Pablo Neruda e Maruca Hagenaar chegaram a Buenos Aires no início de setembro de 1933 e se instalam em um amplo apartamento situado no vigésimo andar do moderno **Edifício Safico**, na rua Corrientes, com vista panorâmica da cidade", descreve o pesquisador chileno Hernán Loyola, que se dedica ao estudo da vida de Neruda há mais de cinquenta anos. O Edifício Safico ainda se destaca entre os arranha-céus da Corrientes, tendo sido um dos mais altos da capital, juntamente com o Edifício Kavanagh, que veremos no Itinerário 4 (página 116).

Já o italiano **Umberto Eco** entra na história da Corrientes por meio de seu livro mais famoso, *O nome da rosa*, lançado em 1980. Logo no início da obra, ele esclarece que a existência do romance deveu-se ao fato de ter encontrado um manuscrito raro numa livraria da avenida portenha: "Se não tivesse acontecido algo de novo estaria ainda aqui a perguntar-me de onde vem a história de Adso de Melk, porém em 1970, em Buenos Aires, espiando nos bancos de um pequeno livreiro antiquário na Corrientes, não longe do mais insigne Patio del Tango daquela grande via, caiu-me entre as mãos a versão castelhana de um livrinho de Milo Temesvar, *Do uso dos espelhos no jogo de xadrez*, que já tivera ocasião de citar (em segunda mão) no meu *Apocalípticos e integrados*, resenhando o seu mais recente *Os vendedores do apocalipse*".

A relação entre *O nome da rosa* e a literatura argentina não para por aí. Em homenagem a Borges, um dos personagens da trama chama-se Jorge de Burgos, que também é cego. Além disso, a biblioteca descrita pelo escritor italiano teria sido inspirada no conto "A biblioteca de Babel", presente no clássico borgeano *Ficções* – falaremos desse conto mais adiante.

Ainda no campo das artes, a Avenida Corrientes foi testemunha da época de ouro do tango, entre as décadas de 1930 e 1950. Carlos Gardel, célebre representante do estilo musical, morou bem próximo e, junto com outros músicos importantes, era frequentador assíduo de seus cafés e bares. O Teatro San Martín (no número 1.530), o Teatro Ópera (no 860) e o Teatro Presidente Alvear (no 1.659) podem fazer parte de um excelente roteiro cultural. Se prefere cinema, ali está o Cine Lorca, sala tradicional que exibe filmes de arte.

Na hora que bater aquela fominha, recorra a alguns locais bem tradicionais, como a Pizzeria Güerrin (no número 1.368), que serve pizzas com um tempero bem portenho.

Destaco ainda um café bastante tradicional da Corrientes, testado exaustivamente por mim numa das ocasiões em que me hospedei na região. Abandonava o café do hotel e fazia o dejejum (ou *desayuno*, como *quieras*) no **EL GATO NEGRO** **9**, café notável localizado no número 1.669. Aberto em 1928, possui um ambiente aconchegante, conhecido também por vender especiarias de várias partes do mundo. Centenas de potes com temperos tornam o lugar pitoresco, convidativo e repleto de odores. Não deixe de provar o chocolate com churros. Ou alguns dos cafés especiais, com *blends* exclusivos da casa.

Quem segue pela Avenida Corrientes em direção ao rio e ao porto pode

LIBRERÍA ALBERTO CASARES

SUIPACHA, 521

54 11 4322-6198

6, 23, 26, 50, 99

CARLOS PELLEGRINI (LINHA B), 9 DE JULIO (LINHA D), DIAGONAL NORTE (LINHA C)

SEG. A SEX., DAS 10H ÀS 19H; SÁB. E DOM., FECHADO

GRÁTIS

WWW.IBERLIBRO.COM/ALBERTO-CASARES-BUENOS-AIRES/52435167/SF

conhecer ainda o Luna Park, um espaço dedicado à arte e ao esporte que fez parte da trajetória literária de Julio Cortázar.

Fundado em 1932, foi o grande palco do boxe argentino e mundial na década de 1930, período áureo para o esporte no país. Aficionado pelos ringues, Cortázar foi frequentador assíduo do local e deixou essa predileção expressa em alguns de seus contos, entre eles "Torito", do livro *Final do jogo*, lançado em 1948, inspirado no boxeador Justo Suárez (1909-1938), campeão argentino de peso-pena; e "A noite de Mantequilla", do livro *Alguém que anda por aí*, de 1977, coletânea de contos lançada em 1969. E não podemos esquecer *Último round*, cujo título é alusão direta ao esporte.

Para compensar os que como eu não têm simpatia pelo boxe, podemos falar de outra grande paixão de Cortázar: o jazz, que também tem o Luna Park como referência, pois sua arena é utilizada como casa de espetáculos desde a sua fundação. Cortázar conta que começou a ouvir os acordes do ritmo estadunidense aos 14 anos, pelo rádio, descobrindo nomes como Duke Ellington, Louis Armstrong, Billie Holiday e muitos outros. "Meu trabalho de escritor se dá de uma maneira que há uma espécie de ritmo, que não tem nada a ver com a rima e as aliterações, não. É um tipo de batida, de swing, como diriam os homens do jazz, uma espécie de ritmo que, se não está no que faço, é uma prova de que não serve", diz Cortázar em entrevista concedida ao jornalista Joaquín Soler Serrano.

Como referências explícitas ao jazz na obra cortaziana, podemos citar o conto "O perseguidor", do livro *As armas secretas*, de 1959, baseado na vida do saxofonista e compositor estadunidense Charlie Parker (1920-1955); e "A volta ao piano de Thelonious Monk", conto do livro *A volta ao dia em 80 mundos*, de 1967.

▌EL GATO NEGRO

- CORRIENTES, 1.669
- 54 11 4374-1730
- 6, 24, 37, 115, 146, 150, 180
- CALLAO E URUGUAY (LINHA B)
- SEG., DAS 9H ÀS 22H; TER., DAS 9H ÀS 23H; QUA. A SÁB., DAS 9H À 0H; DOM., DAS 15H ÀS 23H
- GRÁTIS
- WWW.DONVICTORIANO.COM.AR

O LIVRO DAS
LIVRARIAS

ITINERÁRIO 02

Em uma cidade com tantas livrarias, aconselho a companhia de um livro que traz cinco dezenas de estabelecimentos escolhidos a dedo, todos bem explicadinhos e avaliados – *50 livrarias de Buenos Aires*, escrito pela jornalista paulista Adriana Marcolini. Lançado em 2011, esse guia prático divide a cidade por regiões e nos ajuda a escolher não apenas locais para comprar livros, mas ambientes e histórias que nos conectam com o universo literário da cidade. Sugere livrarias convencionais, de interesse geral e algumas de temas específicos, como é o caso da **Librería de Mujeres**, voltada a temas feministas (Pasaje Rivarola, 175, próximo à Corrientes), da **Libros de Turismo** (Calle Paraguay, 2.457) e da **Cine Sí**, especializada em cinema (Pasaje Giuffra, 311, no bairro de San Telmo). O livro *50 livrarias de Buenos Aires* foi um dos finalistas do Prêmio Jabuti 2012, na Categoria Turismo, mesmo ano em que o meu *Lisboa em Pessoa – guia turístico e literário da capital portuguesa* foi agraciado com o réptil de carapaça.

MONUMENTO MODERNISTA

Imagem comum nos cartões-postais da cidade, o **OBELISCO** ⑩ da Avenida 9 de Julio é um símbolo indissociável do imaginário dos portenhos. Com 67,5 metros de altura, foi projetado pelo arquiteto modernista Alberto Prebisch e inaugurado em 1936, para marcar as comemorações do quarto centenário da fundação da cidade. Fica na Plaza de la República, no epicentro da maior avenida da cidade, que converge as principais conexões de ônibus e metrô.

Apesar disso, o monumento nem sempre foi uma unanimidade e causou a ira de alguns na época de sua construção, entre eles artistas e políticos que se incomodavam com a novidade que se impunha rasgando o céu. Algo como o ocorrido com a Torre Eiffel, em Paris, que foi odiada e criticada por figuras notórias do início do século xx, quando foi construída. Conta-se, por exemplo, que o poeta Paul Verlaine desviava o caminho para não vê-la. E hoje, veja você...

Mais do que um monumento para fotografias turísticas, esse gigante também nos permite, afortunadamente, falar de literatura, em especial de um escritor pouco conhecido no Brasil, mas de grande importância na Argentina: **Baldomero Fernández Moreno**. Ele tem um verso gravado na face sul do monumento, numa placa que, infelizmente, é quase impossível de ler, pois o obelisco

ganhou cercas ao redor. Trata-se de um soneto intitulado "El Obelisco", que reproduzo aqui, caso você não tenha sucesso com a leitura *in loco*:

Onde tinha a cidade guardada
esta espada de prata refulgente
desembainhada repentinamente
e aos céus azuis apontada.

Agora pode lançar-se o olhar
farta de andar rasteira e penitente
pedra acima até o sol onipotente
e descender espiritualizada.

Raio de lua ou soprão de vento
Em símbolo coalhado e monumento
Índice, olho d'água, chama, palmeira.

A estrela acima e a centelha abaixo
Que a ideia, o sonho e o trabalho
virem sob teus pés, em devaneio.

Baldomero Fernández Moreno nasceu em 15 de novembro de 1886. Foi escritor e também médico rural, o que fez dele um autor de teor nacionalista e voltado para o campo, além de um apaixonado por Buenos Aires, sua cidade natal. Seu primeiro livro de poemas, *Las iniciales del misal*, é de 1915 e entre seus versos mais conhecidos está o soneto "Setenta balcones y ninguna flor" ("Setenta varandas e nenhuma flor", nome lindo, não?). Postumamente, teve publicada uma coletânea de seus textos mais curtos com o título de *Guía caprichosa de Buenos Aires*, na qual o tema central – a cidade – é tratado com extrema sensibilidade e graça, dando voz a anedotas da vida cotidiana, perceptíveis apenas para grandes artistas. Em certo momento ele descreve a Avenida 9 de Julio num texto que faço questão de traduzir livremente:

"[...] entre luzes e bandeiras surgiu essa nova avenida de Buenos Aires, a incontida. Regam-na quatro fontes como se fosse uma grande árvore. A água é o sangue branco da cidade. Água que sobe, se irisa, treme, se abate, cumpre sua missão de gotas no ar e volta a baixar tão pura, tão diamantina. E no meio há um obelisco que parece um cipreste, rumoroso, grave."

Baldomero Fernández Moreno faleceu em 7 de junho de 1950, em Buenos Aires.

PALCO DE TRAGÉDIAS E COMÉDIAS

O primeiro **TEATRO COLÓN** ⓫ estava localizado em frente à Plaza de Mayo, na mesma quadra onde hoje está o Banco de la Nación Argentina, ao lado da Casa Rosada. Funcionou ali de 1857 a 1888, como símbolo de uma cidade que buscava se projetar nos moldes europeus.

Mas era preciso fazer ainda melhor, e em 1890 colocou-se a pedra fundamental para a construção de uma obra superior, soberba, de qualidade acústica e estética incomparáveis. Bom... aí começaram alguns dramas e tragédias, não os operísticos, adianto, mas os reais, que envolveram seus construtores e atrasaram a obra em quase vinte anos.

Foi inaugurado em 25 de maio de 1908, com projeto inicial concebido pelo arquiteto Francesco Tamburini, que falecera em 1891, logo depois de ter criado o desenho da obra. A condução da empreitada ficou então sob a responsabilidade de seu parceiro Victor Meano, que foi assassinado em 1904, deixando o prédio a cargo do belga Jules Dormal, que finalmente o concluiu e nele deixou sua marca, em estilo francês, embora no edifício como um todo impere o estilo eclético, típico do século xx.

Independentemente de tais percalços, o Teatro Colón faz jus à fama de excelente casa de espetáculos, dono de uma acústica tida como uma das melhores do mundo. Os vitrais vieram de Paris, da célebre Casa Gaudin, com destaque para a grande cúpula do Salón Blanco. O Salón Dorado é um dos que mais impressionam os visitantes, com seus espelhos, lustres e muito brilho. Evidentemente, o que nos derruba o queixo é a Sala Principal, capaz de abrigar 2.478 espectadores sentados, além de quinhentos em pé. Cada um dos salões guarda pequenas histórias curiosas e pitorescas, que são muito bem contadas durante as visitas guiadas. No palco, o Colón já viu brilhar figuras de prestígio como Stravinsky, Toscanini, Nureyev, Maria Callas, Manuel de Falla entre outros artistas que fizeram questão de incluir Buenos Aires em suas turnês.

No que diz respeito à literatura, a história do Colón está ligada ao escritor **Manuel Mujica Lainez**, que já citei em outras páginas deste guia. Embora pouco conhecido no Brasil, é um dos grandes nomes da literatura latino-americana e um dos mais influentes na literatura argentina do século xx. Nasceu em 1910, em Buenos Aires, e morreu em 1984, na cidade de Cruz Chica, província de Córdoba, onde há uma fundação com seu nome, presidida por sua filha.

Entre suas principais obras estão *El unicornio* (1965), *El viaje de los siete demonios* (1974), *Misteriosa Buenos Aires* (1950), *El gran teatro* (1979) e *Bomarzo* (1962). *Bomarzo* foi o único que encontrei traduzido para o português, numa edição da Martins Fontes de 1995, e, apesar de não ter Buenos Aires como cenário (se passa na Itália), o recomendo enfaticamente. Trata-se de um romance monumental sobre as desventuras de um nobre italiano do século xvi, evocando o período do Renascimento.

El gran teatro retrata a trajetória de um jovem do interior, recém-chegado a Buenos Aires, que tem os desdobramentos de sua vida ligados a fatos ocorridos durante uma ópera de Richard Wagner apresentada no Colón. Em meio à trama, o autor nos coloca diante de cenários, descrições e facetas da aristocracia portenha que desfila pelos salões da casa de espetáculos mais importante do país. "O adolescente, que pela primeira vez ingressava naquele mundo de argentina magnificência, experimentou com simultâneo impulso duas sensações opostas: a de bem-estar, porque, após a gélida rajada externa, o invadia uma onda imediata, e a de pânico, porque nunca se sentiu tão desamparado, tão extraviado, como nesse lugar de luxo majestoso [...]", descreve

Manuel Mujica Lainez, numa tradução minha.

Destaco ainda *Misteriosa Buenos Aires*, uma coletânea de pequenos contos nos quais Lainez discorre sobre personagens históricos, gente comum, declarações de amor, de ódio, velórios e uma infinidade de delicadezas ligadas à sua cidade natal. Infelizmente, também não foi lançado no Brasil, mas minha curiosidade (e minha pesquisa) levou-me a comprar um exemplar em espanhol, num sebo de Buenos Aires. Para minha surpresa, na primeira página deparei com uma dedicatória que diz assim:

Para Mariana,
Com muito carinho, para que compreendas cada vez mais o castelhano, cada vez mais seus próprios idiomas interiores e jogue luz sobre suas partes "misteriosas".
Que você leve Buenos Aires no coração!!

Buenos Aires, verão de 1999

Maria Laura

▌ TEATRO COLÓN

- 🏢 CERRITO, 628
- 📞 54 11 4378-7100
- 🚌 5, 9, 10, 17, 24, 26, 45, 59, 67, 70, 75, 100, 132, 146
- 🚇 CARLOS PELLEGRINI (LINHA B), DIAGONAL NORTE (LINHA C), TRIBUNALES (LINHA D)
- 🕐 VISITAS GUIADAS: TODOS OS DIAS, DAS 9H ÀS 17H (A CADA 15 MIN.)
- 💲 PAGO
- 📱 WWW.TEATROCOLON.ORG.AR

CENÁRIO DE MANUEL PUIG

O Teatro Colón também foi palco de disputas políticas e sociais na época de Perón, o que está muito bem retratado no livro *Púbis angelical*, lançado em 1979 por **Manuel Puig** (1932-1990) – escritor argentino que ficou conhecido no Brasil pela obra *O beijo da Mulher Aranha*, romance de 1976 adaptado para o cinema em 1985, com direção de Hector Babenco, que deu a William Hurt o Oscar de Melhor Ator. Em *Púbis angelical*, Puig narra a vida de uma mulher, convalescente de uma cirurgia para retirada de um câncer, que, analisando seu passado, relembra episódios de sua vida amorosa e os feitos históricos da Argentina sob o regime nacionalista de Perón. "Mal terminaram de cantar, começaram a gritar em coro que o Teatro Colón era para os artistas argentinos, e fora os estrangeiros. Era um grupo nacionalista. Desses que odeiam tudo o que é estrangeiro. E queriam exigir que contratássemos somente cantores argentinos. Mas era uma loucura", descreve Ana, a personagem principal.

Manuel Puig é também autor de *The Buenos Aires affair* (1973), livro censurado pela ditadura militar argentina que me impressionou por sua narrativa criativa, não linear, que subverte a estrutura dos romances policiais. Embora não tenha nada a ver com o Teatro Colón, nem com nenhum tema deste itinerário, tem sua narrativa centrada na capital argentina, como o próprio nome sugere.

DOMINGO É DIA DE FEIRA

Na **Plaza Lavalle**, em frente ao Palacio de Justicia (quase nos fundos Teatro Colón), há uma tradicional feira de livros inspirada na dos arredores do Palais de Justice de Paris, dedicada ao Direito e temas afins. Com mais de cinquenta anos de existência (a mais antiga da Argentina), a feira, apesar de ter como foco principal os livros jurídicos, permite garimpar preciosidades literárias. Acontece todos os domingos, das 9h às 17h.

Garçom atribula-se entre as mesas da Confitería Las Violetas, uma das mais tradicionais (e belas) de Buenos Aires. Serve excelentes chás e menus combinados de bolos e tortas que são de acabar com qualquer dieta.

ITINERÁRIO 02

Sala Principal do Teatro Colón, capaz de abrigar
quase 2.500 pessoas. É o clímax da visita guiada, que
recomendo a todos.

ITINERARIO 02

ITINE-
RÁRIO
03

RUMO
AO SUL

SAN TELMO E LA BOCA

Para muitos argentinos o escritor e ensaísta Ernesto Sabato (1911-2011) forma, ao lado de Borges e Cortázar, a santíssima trindade da literatura do país. Isso já seria razão de sobra para seguirmos com afinco suas pegadas literárias, mas o fato é que os próximos dois itinerários, um ao sul e outro ao norte da Plaza de Mayo, têm uma forte relação com a obra desse escritor.

Inicialmente, seguiremos pelo bairro de **San Telmo** nas trilhas de Borges, que por quatro anos foi diretor da antiga Biblioteca Nacional, entidade secular localizada na Calle México, num prédio suntuoso que hoje abriga o Centro Nacional de la Música y la Danza. O escritor era visto com frequência pelo bairro, o que ficou registrado na ficção de Sabato, num de seus livros mais importantes, Sobre heróis e tumbas, no qual dois personagens encontram o autor de Ficções perambulando pela região. O bairro, um dos mais charmosos da capital, é cenário de boa parte da obra de Sabato e perfeito para passeios a pé cheios de surpresas, com paradas em bons bares, cafés, restaurantes, antiquários e lojas descoladas. Como você facilmente vai perceber, San Telmo tem muitos predicados. E uma magia capaz de nos colocar entre a realidade e a ficção, fronteira tênue que encanta o caminho. Pois então, caminhemos.

Venezuela
Lima
Av. 9 de Julio
Bernardo de Irigoyen
Tacuarí
Piedras
Chacabuco
Perú
Bolívar
Defensa
México
1
2
4
Chile
Av. Corrientes
San Lo
Av.Independencia
Dr. José
M
pendencia
M
Independencia
Estados Unidos
3
Carlos Calvo
5
6
Humberto 1º
SAN TELMO
Salta
Av. San Juan
M San Juan
Au. 25 de Mayo
Au. Dr. Ricardo Balbin
Cochabamba
Av. Juan de Garay
Au Pres. Arturo Frondizi
Av. Brasil
Av. Caseros
Plaza M
stitución

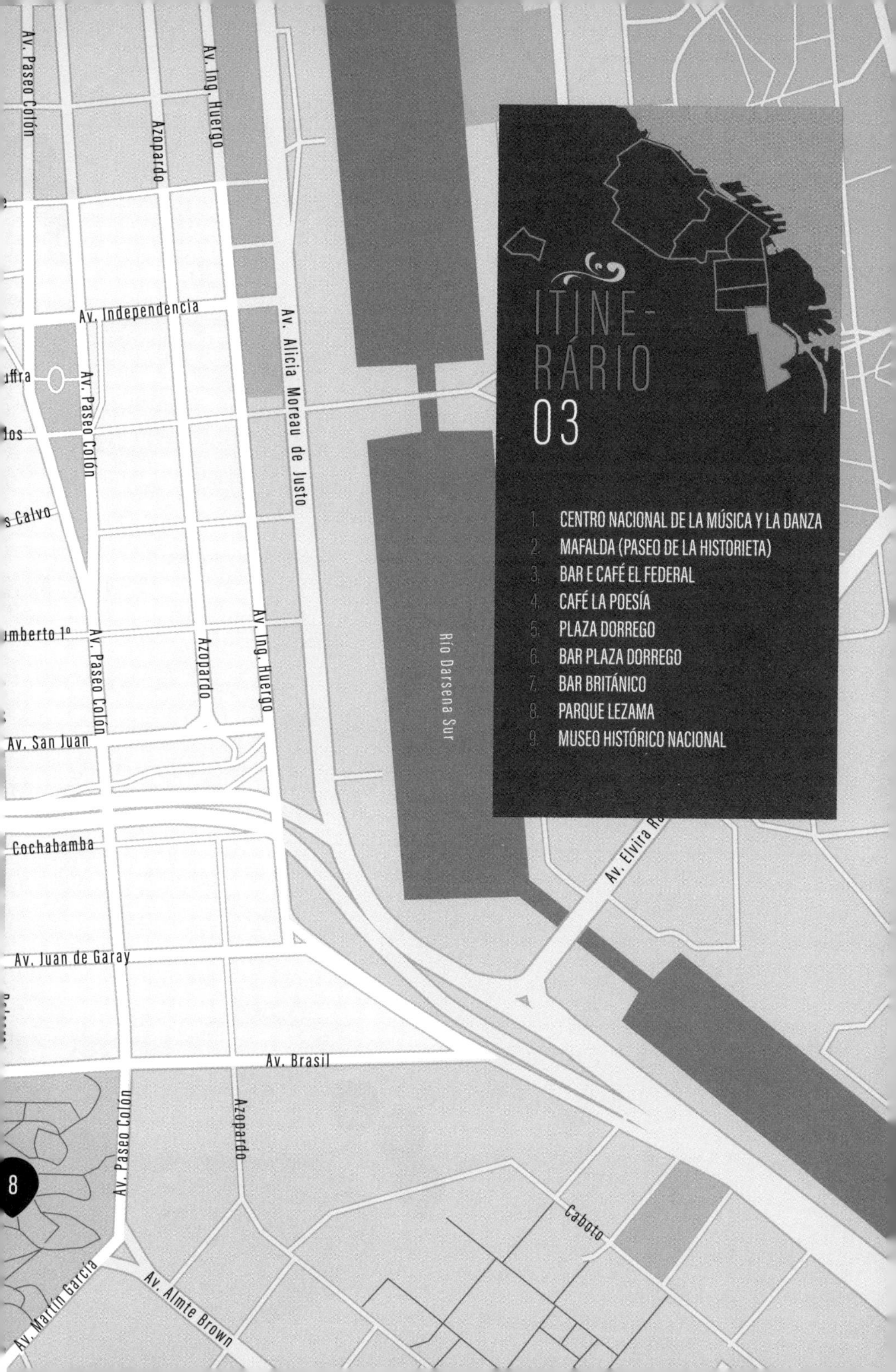

ITINE-RÁRIO
03

1. CENTRO NACIONAL DE LA MÚSICA Y LA DANZA
2. MAFALDA (PASEO DE LA HISTORIETA)
3. BAR E CAFÉ EL FEDERAL
4. CAFÉ LA POESÍA
5. PLAZA DORREGO
6. BAR PLAZA DORREGO
7. BAR BRITÁNICO
8. PARQUE LEZAMA
9. MUSEO HISTÓRICO NACIONAL

Islas Malvinas

Av. Almte. Brown
Pi y Margall
Pilcomayo
Pi y Margall
Pilcomayo
Pi y Margall

Cnel. Tomás Espora

Manuel Gálvez
J. Eduardo Braun Menéndez
Cabotó
Martín de Moussy
Juan Manuel Blanes
Don Pedro de Mendoza
Av. Ricardo Balbín

Enrique Gustavino
Tomás Liberti
Ministro Brin
Gualeguay
Necochea
Arzobispo Espinosa
20 de Septiembre
Av. Almte. Brown
Martín Rodríguez
Palos
Juan Manuel Blanes
Wenceslao Villafañe

Av. Benito Pérez Galdós
Agustín R. Caffarena
Caboto
Wenceslao Villa
Aristóbulo del Valle

11
10

L A   B O C A

Aristóbulo del Valle
Dr. del Valle Iberlucea
Pinzón
Brandsen
Estadio La Bombonera

Puente Nicolás Avellaneda
Necochea
Olavar
Av. Almte. Brown
Martín Rodríguez
Puente Nicolás Avella

Itala
Juan de Dios Filiberto
Suárez
Palos
Olavarría
Ayolas

Práctico Poliza
Suárez
Caminito
Gral. Gregorio Aráoz de Lamadrid

Suárez
Olavarría
Carlos F. Melo
Gral. José Garibaldi
Av. Don Pedro de Mendoza

13
12
14

Hernandarias
Itala
Plaza Matheu
Magallanes
Rocha
Quinquela Martín

Río Matanza - Riachuelo
Carlos Pellegrini

ITINE-RARIO
03

10. MUSEO DEL CINE PABLO DUCRÓS HICKEN
11. USINA DEL ARTE
12. LA PERLA DE CAMINITO
13. MUSEO DE BELLAS ARTES DE LA BOCA
14. FUNDACIÓN PROA

MACIEL

O que torna nossa vida poética? O que torna uma
rua literária? O que torna o cotidiano mais colorido?
Muitas vezes, uma simples bolha de sabão nas ruas de
San Telmo,

ITINERÁRIO 03

"O que torna um texto literário? Questão complexa, à qual, paradoxalmente, o escritor é quem menos pode responder. Num certo sentido, um escritor escreve para saber o que é a literatura."

RICARDO PIGLIA,
O LABORATÓRIO DO ESCRITOR

SOBRE LIVROS E SONHOS

"Nunca sonho o presente e sim com uma Buenos Aires pretérita e com as galerias e claraboias da Biblioteca Nacional da rua México. Será que tudo isso quer dizer que, para além da minha vontade e de minha consciência, sou irreparavelmente, incompreensivelmente portenho?" A indagação é de **Jorge Luis Borges** e está presente no livro *Atlas*, de 1984, no qual discorre sobre suas viagens pelo mundo e ao mesmo tempo declara amor à cidade onde nasceu.

Borges se refere ao edifício onde hoje funciona o CENTRO NACIONAL DE LA MÚSICA Y LA DANZA ❶, mas que outrora abrigou a Biblioteca Nacional de la República Argentina, onde trabalhou como diretor por quase dezoito anos, de 1955 a 1973.

Inicia-se um período de grande produtividade e reconhecimento no qual o escritor é nomeado membro da Academia Argentina de Letras, assume a cátedra de Literatura Inglesa da Universidade de Buenos Aires, realiza conferências ao redor do mundo e suas obras ganham novas edições, prêmios e traduções. Borges ocupa agora um cargo importante, numa instituição de prestígio.

Com sua fachada suntuosa, apoiada em grandes colunas coríntias (adoro essa palavra), o edifício foi sede da Biblioteca Nacional de 1893 até o início da década de 1990, quando inaugurou-se um novo prédio, mais moderno, no bairro do Retiro, presente em nosso próximo itinerário. Em 1996, quando começa a abrigar o novo centro cultural, passa por algumas adaptações, mas mantém as características arquitetônicas, o que já faz valer a ida – há, inclusive, uma visita guiada.

Aos amantes da literatura, adentrá-lo pode ser ainda mais emocionante, pois as estantes que cobrem as paredes do salão principal, a grande cúpula, os vitrais e murais nos levam ao passado, à vida de Borges e a reminiscências da biblioteca mais importante da cidade em sua época. Infelizmente, a sala que Borges utilizava – hoje Sala Borges – e que acomoda alguns de seus pertences encontrava-se fechada para visitas quando estive no local. Sugiro especular, pois havia a indicação de que ela seria incluída brevemente no passeio. Fica no primeiro andar, onde há cinco salas, sendo a principal a do escritor, bastante conservada – móveis, papéis de parede e pinturas são originais. Era ali que ele despachava todos os dias, reunia-se com colegas e (conta-se) costumava almoçar.

Em sua autobiografia, comenta esse período com contundência e ironia: "A fama, como a cegueira, foram chegando pouco a pouco. Nunca havia esperado, nunca havia buscado". Com a doença avançada, estava diante de cerca de 900 mil volumes, em diversos idiomas, dos quais ele conseguia decifrar apenas as capas e as lombadas. "Então escrevi o 'Poema dos dons', que começa:

*Ninguém rebaixe a lágrima ou rejeite
esta declaração da maestria
de Deus, que com magnífica ironia
deu-me a um só tempo os livros e a
noite."*

Tomo a liberdade de acrescentar as outras três estrofes, deixando as seis finais a cargo da curiosidade e empenho de cada um.

*Da cidade de livros tornou donos
estes olhos sem luz, que só concedem
em ler entre as bibliotecas dos sonhos
insensatos parágrafos que cedem*

*as alvas a seu afã. Em vão o dia
prodiga-lhes seus livros infinitos,
árduos como os árduos manuscritos
que pereceram em Alexandria.*

*De fome e de sede (narra uma história
grega)
morre um rei entre fontes e jardins;
eu fatigo sem rumo os confins
dessa alta e funda biblioteca cega.*

O Centro Nacional de la Música y la Danza possui uma agenda de espetáculos e cursos que atraem milhares de pessoas, sendo sede do Ballet Folклórico Nacional, da Compañía Nacional de Danza Contemporánea e da Banda

Sinfónica Nacional de Ciegos, com mais de setenta anos de existência. Uma coincidência poética, já que estamos falando de um escritor que estava praticamente cego e usava o som, a voz para compor sua obra.

BORGES, BRUNO E MARTÍN

ITINERÁRIO 03

Na segunda parte de *Sobre heróis e tumbas*, um dos livros mais importantes de **Ernesto Sabato**, lançado em 1961, é descrito um encontro inesperado entre os personagens Martín e Bruno e o escritor Jorge Luis Borges. Ocorre em um lugar indeterminado da Calle Perú, mas o fato de Borges ter trabalhado na Biblioteca Nacional por vários anos nos permite imaginar essa região de San Telmo como cenário do episódio. Obviamente não nos cabe buscar a localização exata de cenas descritas em livros, mas aproveito o momento para reproduzir um trecho da conversa:

*Andavam pela rua Perú; apertando seu braço, Bruno apontou-lhe um homem que caminhava na frente deles, ajudado por uma bengala.
— Borges.
Quando estavam perto, Bruno o cumprimentou. Martín viu-se apertando aquela mão pequena, quase sem ossos e sem vigor. Seu rosto parecia ter sido desenhado e, em seguida, meio apagado, com uma borracha. Tartamudeava. [...]*

CENTRO NACIONAL DE LA MÚSICA Y LA DANZA

- MÉXICO, 564
- 54 11 4300-7384
- 22, 24, 28, 29, 126
- BELGRANO (LINHA E)
- SEG. A SEX., DAS 9H ÀS 16H; SÁB. E DOM., FECHADO
- GRÁTIS

Bruno perguntou-lhe o que estava escrevendo.

— Bem, caramba... — tartamudeou, sorrindo de um jeito entre culpado e malicioso, desse jeito que costumam ter os homens do campo na Argentina, ironicamente modesto, mescla de secreta arrogância e aparente acanhamento, toda vez que examinam um pingo ou que avaliam a habilidade de alguém trançar tentos. — Caramba... bem... tentando escrever uma página que seja mais que um rascunho... hã, hã!...

Andando um pouco mais, mas ainda sob o amparo de Jorge Luis Borges, temos o poema "Piedras com Chile", do livro *Atlas*, que descreve o encontro dessas duas ruas de San Telmo. Achei que valeria a pena transcrevê-lo, como sugestão de leitura para quando você estiver passeando pelo bairro:

Por esta esquina passei muitas vezes.
Nem lembro quantas.
Tenho a impressão
de ir mais longe que o Ganges a manhã
ou tarde em que se deram. Os reveses
do destino não contam. Já são parte
dessa dócil argila, meu passado,
que o tempo apaga ou que
maneja a arte
e que por áugure algum foi decifrado.
Talvez na treva houvesse
alguma espada,
talvez fosse uma rosa. Entrelaçadas
sombras as guardam hoje
em suas guaridas.
Só me sobrou a cinza. Ou seja, nada.
Absolvido das máscaras que fui,
serei na morte meu total olvido.

QUADRO A QUADRO, QUADRA A QUADRA

Como você gosta de literatura, provavelmente tem uma quedinha por história em quadrinhos. Acertei? Bom... ou pelo menos já ouviu falar da menina Mafalda ou do felino Gaturro, dois personagens criados respectivamente pelos ilustradores Quino e Nik. Sim? Não? De qualquer forma, resolvi inserir este passeio panorâmico pela HQ argentina, iniciando o roteiro na esquina das ruas Defensa e Chile, onde vamos encontrar, sentadinha num banco, sorridente, a famosa e já citada MAFALDA ❷. Se não a conhece, nunca é tarde, pois ela já conquistou o mundo com suas tiradas políticas e sua forma ingenuamente subversiva de ver a vida. Não poderia haver melhor anfitriã para essa caminhada, que os portenhos chamam de **Paseo de la Historieta**, pois Mafalda foi a primeira a chegar, em 2009, antes mesmo de o passeio existir, algo bem típico para uma menina precoce.

O Paseo de la Historieta foi criado três anos depois, em 2012, pela prefeitura de Buenos Aires, com um percurso que inclui dezessete esculturas, algumas delas com dois metros de altura, distribuídas pelo bairro de San Telmo, Montserrat e na região de Puerto Madero, às margens do rio da Prata.

Em 2014, Mafalda ganhou a companhia de seus amigos de tirinha, Suzanita e Manolito, todos criados pelo cartunista argentino Quino (Joaquín

Salvador Lavado Tejón).

As histórias da menina foram publicadas na Argentina entre 1964 e 1973 e conquistaram o mundo com perguntas desconcertantes como estas: "Mãe, com quantos anos a gente fica velha?", "Mãe, pra que a gente está no mundo?", "Pai, o ano que vem existe?".

Ironicamente, Mafalda nasceu como uma ilustração publicitária que seria publicada no jornal *Clarín*, em 1962. A campanha foi cancelada e a menina ficou dois anos esquecida, até que, por sugestão de um amigo editor, Quino a publicou na revista *Primera Plana*, em 1964, tornando-se ícone de uma geração.

Depois do encontro com Mafalda e seus amigos, é só seguir as placas que indicam a direção do próximo personagem. Na esquina da Calle Chile com a Balcarce está Isidoro Cañones, playboy pobre mas com tio milionário criado pelo cartunista argentino Dante Quinterno (1909-2003), em 1935. A menos de cem metros temos Larguirucho, um rato que virou personagem dos desenhos animados na tv em 1967, criado por Manuel García Ferré (1929-2013). E assim vai... uma dezena de personagens de quadrinhos, alguns mais e outros menos conhecidos. O Gaturro, que faz grande sucesso no Brasil, fica próximo à Plaza General Agustín Pedro Justo. Foi criado pelo cartunista Nik (Cristian Dzwonik) em 1993 e encantou tanto o público infantil quanto o adulto. Suas histórias estão em praticamente todas as livrarias da cidade.

O fim do passeio, onde fica La Girafa, personagem do cartunista Guillermo Mordillo, é bem próximo ao Museo del Humor, na Avenida de los Italianos, 851.

É o final perfeito para um divertido panorama da HQ argentina. É também um dos poucos museus em que você vai ver as pessoas soltando gargalhadas enquanto olham os quadros. Exibe boa parte da história do desenho argentino, expondo algumas preciosidades, como o acervo de Mordillo, um dos mais importantes ilustradores do país, além de Fontanorrosa, Horacio Altuna e Carlos Garaycochea, desenhistas icônicos no país. Está montado no casarão onde funcionou a tradicional Confitería Munich, local de reunião de escritores como Jorge Luis Borges, Adolfo Bioy Casares, Oliverio Girondo e Norah Lange, presentes no próximo itinerário.

HÁBITOS PORTENHOS

Num raio de quatro quadras a partir da Mafalda, temos outros dois importantes estabelecimentos notáveis da cidade. Um deles é o café, bar e restaurante **EL FEDERAL** ③, na esquina das ruas Perú e Carlos Calvo, que me iniciou num hábito bem portenho: tomar café da manhã fora de casa. Afortunadamente, o bar ficava ao lado do apartamento que aluguei durante a produção deste guia e isso me rendeu bons momentos – escolhia uma mesa, dava uma olhada em vários jornais do dia (outro hábito bem portenho) e pedia pão tostado,

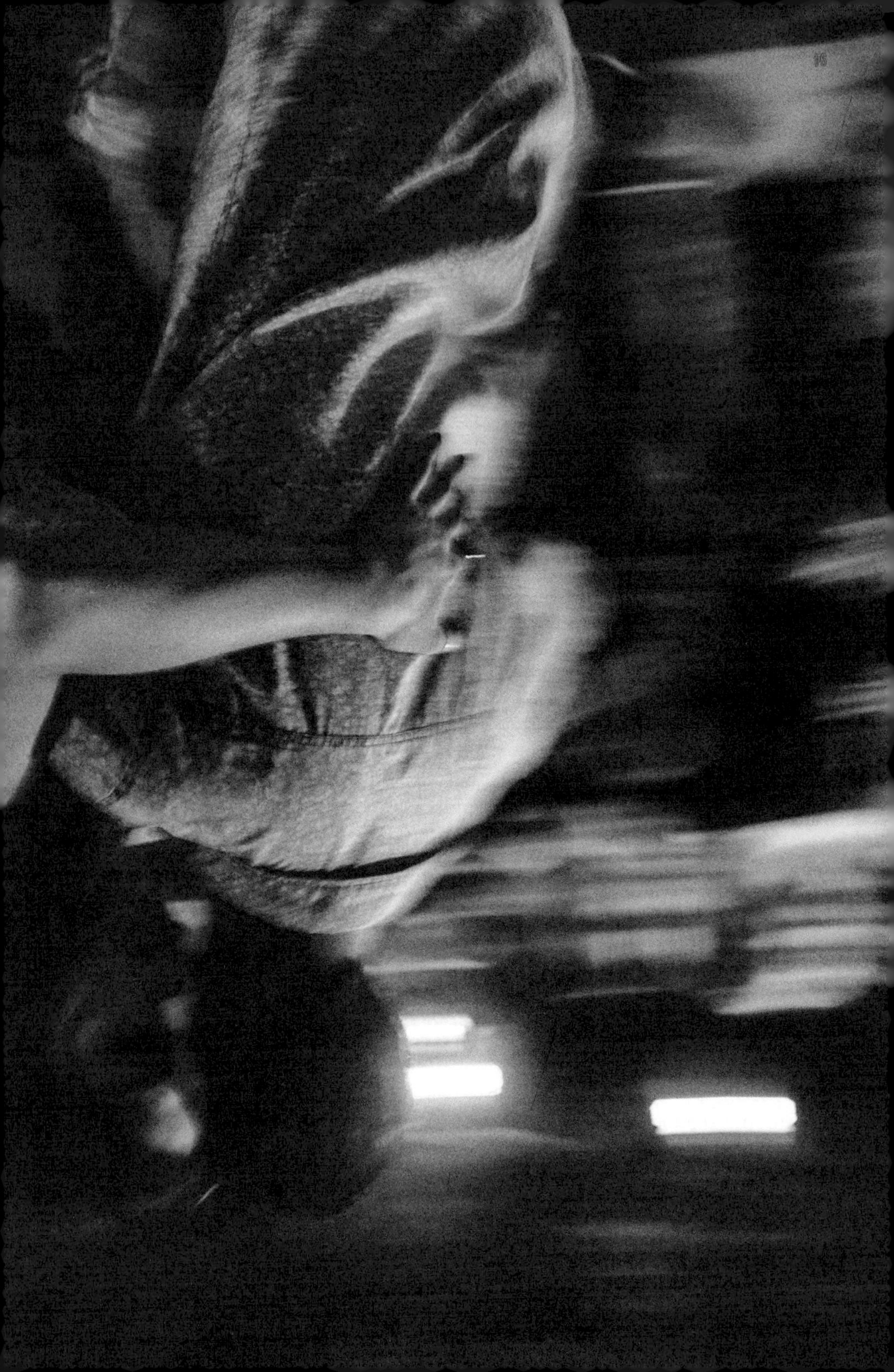

ITINERÁRIO 03

Turistas e portenhos arriscam
seus passos de tango em aulas
que acontecem ao ar livre na Plaza
Dorrego, San Telmo. O tango tem
conquistado novas gerações e
curiosos de todas as partes do
mundo. Os brasileiros são figuras bem
presentes nesses encontros.

com café com leite, suco de laranja e geleia (Menu 3). Era quase um ritual sagrado nesse estabelecimento, que já tem mais de 150 anos.

Fundado em 1864, El Federal é reconhecido oficialmente como Lugar de Interesse Cultural (Sitio de Interés Cultural), em parte por ser um dos bares mais antigos da cidade. Tem boa música ambiente e vez ou outra conta com apresentações surpresa de tango (música), às vezes à capela. A decoração do lugar, centenária e charmosa, tem placas, garrafas e cartazes retrô, e como destaque o balcão, que forma um arco de madeira com vitrais e um relógio na parte mais alta. Uma maravilha. Como se não bastasse, a comida e o atendimento são ótimos, de dia e de noite.

O outro notável das proximidades está no número 502 da Calle Chile, e tem uma relação bem íntima com a literatura, a começar pelo nome: **CAFÉ LA POESÍA** 4 . Acrescente o fato de ter sido aberto por um importante poeta e editor argentino, Rubén Derlis, em 1982, tornando-se durante toda a década de 1980 um refúgio de intelectuais e da boemia do bairro de San Telmo. Em 1983, Rubén criou o Grupo de los Siete, um coletivo de escritores que organizava ciclos de poesia, cursos, saraus e leituras de obras. Já não se reúnem, mas a casa segue como ponto de encontro de aspirantes à arte poética. A veia literária também está clara em suas paredes, cobertas com fotos de mestres como Roberto Arlt, Victoria Ocampo, Leopoldo Marechal, Julio Cortázar e Enrique Molina. O piano dá um toque especial ao clima lírico do bar,

juntamente com os antigos ventiladores do teto, potes de conserva das estantes e o cheiro característico de lugares repletos de poesia e café.

O CORAÇÃO DE SAN TELMO

Conhecida por sua tradicional feira de antiguidades, iniciada na década de 1970, a **PLAZA DORREGO** 5 tem se tornado referência para quem quer aprender a dançar tango, principalmente as novas gerações de portenhos, que vêm redescobrindo o estilo e procuram lugares para praticar.

Aos domingos, a praça costuma ficar lotada desses aspirantes a dançarinos e de frequentadores do entorno, que

EL FEDERAL

- CARLOS CALVO, 999
- 54 11 4361-7328
- 24, 28, 29, 126
- INDEPENDENCIA (LINHA C)
- TODOS OS DIAS, DAS 8H ÀS 2H
- GRÁTIS
- WWW.BARELFEDERAL.COM.AR

CAFÉ LA POESÍA

- CHILE, 502
- 54 11 4300-7340
- 22, 24, 28, 29, 126
- INDEPENDENCIA (LINHA C)
- DOM. A QUI., DAS 8H ÀS 2H; SEX. E SÁB., DAS 8H ÀS 4H
- GRÁTIS
- WWW.LOSNOTABLES.COM.AR

buscam os barzinhos e cafés do que podemos chamar de coração de San Telmo. É um ponto praticamente incontornável do bairro, próximo ao El Federal, ao Mercado de San Telmo (Chile, 594), ao Museo de Arte Moderno (Av. San Juan, 350) e ao Museo de Arte Contemporáneo (Av. San Juan, 328), que merecem uma visita.

O coração do bairro também bate forte no número 1.098 da Calle Defensa, bem em frente à praça, onde temos outro grande representante dos notáveis da cidade, o **BAR PLAZA DORREGO** **6**, aberto em 1830 e muito bem conservado. Foi local de encontros de grandes escritores, como Borges e Sabato, que costumavam dividir a mesa no salão principal e tiveram o momento registrado numa foto memorável, exibida numa das paredes do bar. Vale, no mínimo, um café e uma olhadela em tudo isso. Ambos com a calma que a literatura e a fotografia merecem.

Seguindo pela Calle Defensa, na esquina com a Calle Brasil, deparamos

com quase noventa anos de história, materializados no balcão e nas mesas do **BAR BRITÁNICO** **7**. Inaugurado em 1928, preserva memórias importantes da cultura portenha.

No cinema, foi cenário de *Diários de motocicleta*, dirigido pelo brasileiro Walter Salles, e *Tetro*, de Francis Ford Coppola. Na música, teve como frequentador o compositor argentino Fito Páez, bem famoso na Argentina, que chegou a fazer sucesso no Brasil na década de 1990 ao lado de bandas como Titãs e Os Paralamas do Sucesso.

Na literatura, **Ernesto Sabato** é um dos que se tornaram *habitués* desse bar, principalmente nas décadas de 1950 e 1960.

Em seus primeiros anos de vida, o Británico era frequentado por ingleses, muitos deles ex-combatentes da Primeira Guerra Mundial. Depois foram os empregados das empresas ferroviárias (inglesas) que fizeram do bar seu espaço de lazer. Na década de 1960, chegou a funcionar 24 horas, o que fez com que se convertesse em refúgio de boêmios, escritores, artistas e intelectuais que perambulavam pelo bairro de San Telmo.

Também faz parte da memória do Británico o apedrejamento que sofreu durante a Guerra das Malvinas, na década de 1980, numa revanche contra os invasores ingleses. Sim, veja você, o bar foi apedrejado. Resistente, segue oferecendo o que atraiu tanta gente (e tanta arte) para suas mesas – boa comida, boa bebida, em um ambiente inspirador. Quem nunca se rendeu a isso, que atire a primeira pedra.

BAR PLAZA DORREGO

- DEFENSA, 1.098
- 54 11 4361-0141
- 22, 24, 28, 29
- TODOS OS DIAS, DAS 8H ÀS 22H
- GRÁTIS

BAR BRITÁNICO

- BRASIL, 399
- 54 11 4361-2107
- 4, 22, 24, 29, 53, 61, 74, 129, 143
- TODOS OS DIAS, DAS 6H ÀS 3H
- GRÁTIS

A DEUSA DA AGRICULTURA

"Num sábado de maio de 1953, dois anos antes dos acontecimentos de Barracas, um rapaz alto e curvado andava por uma alameda do Parque Lezama. Sentou-se num banco, perto da estátua de Ceres, e ficou imóvel, entregue a seus pensamentos." Assim inicia o romance *Sobre heróis e tumbas*, no qual, com poucas palavras, Sabato nos dá elementos essenciais de sua narrativa: estamos na década de 1950; sabemos que algo importante vai ocorrer no bairro de Barracas, um pouco mais ao sul de San Telmo; e que um dos personagens está no **PARQUE LEZAMA ⑧**, buscando refúgio próximo a uma estátua da deusa da agricultura, Ceres.

Se seguirmos lendo, logo descobriremos mais detalhes sobre a região, bem como o fato de que Alejandra, outra personagem, está morta. "'Como um bote à deriva num grande lago aparentemente tranquilo, mas agitado por correntes profundas', pensou Bruno, quando, após a morte de Alejandra, Martín lhe contou certos episódios confusos e fragmentados sobre aquele relacionamento", continua o narrador.

Fiquei um tempão observando essa cena do lado de fora do Bar Británico, que foi muito frequentado pelo escritor Ernesto Sabato. Não sei explicar o porquê. Poesia, talvez.

O restante da trama você descobrirá no próprio livro, e pode fazê-lo sentado no mesmo local de Bruno, num banco em frente à cúpula que protege a deusa Ceres, no centro desse ponto emblemático na geografia portenha.

O Parque Lezama foi inaugurado no início do século xx, numa área que teve como último proprietário Gregorio Lezama. Sua viúva a vendeu à municipalidade em 1894, sob a condição de que fosse transformada em um espaço público com o nome do marido. Tornou-se local de encontro da alta sociedade portenha e mais tarde o local preferido dos moradores do sul da cidade. Hoje, embora seja um dos mais antigos e tradicionais parques de Buenos Aires, está longe da badalação turística, sendo frequentado basicamente por gente dos arredores que passeia com seus cachorros, que faz caminhadas, coloca a conversa em dia, namora ou simplesmente se senta nos bancos e entrega-se aos pensamentos, como o personagem de Sabato.

Além da escultura de Ceres, que fica protegida por uma cúpula de concreto e colunas romanas, há outro importante conjunto de estátuas, em homenagem ao navegador espanhol Pedro de Mendoza, logo na entrada do parque. O monumento faz referência ao fato de que Mendoza teria desembarcado primeiramente nessa região, em 1536, no que se considera a descoberta do país.

Não há consenso entre os historiadores, mas sabe-se que a fome, a peste e os bravos índios querandíes, que viviam ali, botaram abaixo a ideia do espanhol de povoar esse torrão.

Pedro de Mendoza faleceu rumo à Espanha, ficando a região abandonada a partir de 1541.

O parque abriga também a antiga mansão dos Lezama, que desde 1897 é ocupada pelo MUSEU HISTÓRICO NACIONAL **9**. A partir de objetos, maquetes, instrumentos musicais, documentos e um rico mobiliário o museu detalha algumas batalhas cruciais para a independência do país, personificada na mítica figura do general San Martín, de quem trataremos com mais afinco no próximo itinerário. Um dos pontos altos da visita é justamente o quarto do militar, que foi trazido da França e reconstruído com riqueza de detalhes numa sala especial do museu.

Se o que nos interessa é a literatura, não deixe de ver os manuscritos do livro *Martín Fierro*, de José Hernández, preciosidade do acervo. Entre as figuras de destaque do museu está também o escritor e poeta **Esteban Echeverría** (1805-1851), autor de *El matadero*, texto considerado precursor do conto hispano-americano. Nesse livro, Esteban descreve as mazelas da população durante o governo de Juan Manuel de Rosas, entre 1829 e 1840, sob o domínio da barbárie e da pobreza, tendo como cenário um fétido matadouro.

Ainda na literatura (e eu só penso nisso), destaco o magnetofone que pertenceu ao presidente Juan Domingo Perón, um aparelho de fabricação alemã no qual ele gravava suas memórias durante o exílio em Madri. No inquietante livro *A cidade ausente*, lançado em 1992, o escritor **Ricardo Piglia** conta a história de um homem que passava noites ouvindo fitas com os discursos de Perón, trazidas clandestinamente para a Argentina. "Eu me lembro do silêncio prévio e do chiado da fita antes de entrar a gravação com a voz exilada de Perón, que sempre começava as mensagens dizendo 'compañeros' e fazendo uma pausa como se esperasse as palmas", diz a personagem. De Ricardo Piglia, acrescento como sugestão de leitura *Respiração artificial*, de 1980, *O laboratório do escritor*, de 1994, e *Dinheiro queimado*, de 1997, que deu origem ao filme *Plata quemada*, lançado em 2000, com direção do argentino Marcelo Piñeyro.

Os três livros mexeram muito com minha concepção de texto literário, inquietaram-me, aquiesceram-me. Ricardo Piglia faleceu em janeiro de 2017, aos 75 anos.

PARA QUEM TEM BOCA

As calçadas do Parque Lezama indicam justamente o final do bairro de San Telmo e o início do bairro **La Boca**, que adentraremos agora, seguindo rumo ao sul.

Entre os escritores ligados à região podemos citar Roberto Mariani e Mario Jorge De Lellis, que são pouco conhecidos no Brasil e não foram traduzidos para o português, o que dificulta atrelá-los aos itinerários propostos aqui – como disse antes, não faz sentido sugerir roteiros baseados em livros em espanhol, sem edições brasileiras. Salvo algumas citações em poemas de Borges e no romance *Sobre heróis e tumbas*, que menciona ruas importantes do bairro, não há muita coisa que nos leve diretamente à literatura boquense.

Mas, claro, longe de mim desprezar um dos bairros mais emblemáticos da capital argentina, que impregna a memória do viajante com as fachadas multicoloridas do Caminito, o beco mais conhecido do país, quem sabe um dos mais conhecidos do mundo. Como nos interessa ir além dos cartões-postais, selecionei alguns pontos inspiradores da região e do percurso até lá.

É o caso do **MUSEO DEL CINE PABLO DUCRÓS HICKEN** ⑩, criado em 1971, que dá uma ideia da amplitude que a sétima arte alcançou no país vizinho e mostra como sua produção ganhou o mundo. Alguns dos filmes que mais se fixaram em minha lembrança cinéfila na última década são argentinos – *O filho da noiva* (2001), *Nove rainhas* (2000), *Histórias mínimas* (2002), *Elza e Fred* (2005), *O segredo dos seus olhos* (2009) e *O clã* (2015) são parte de uma lista extensa.

A base do acervo da instituição nasceu da coleção particular de Ducrós Hicken, pesquisador argentino que reuniu farto material sobre o tema. É composto de fotos, roteiros originais, desenhos cenográficos, figurinos, cartazes e, obviamente, filmes.

Como o assunto é literatura, vale lembrar que muitos historiadores e pesquisadores da sétima arte são categóricos em dizer que o conto de Cortázar "As babas do diabo", do livro *As armas secretas*, inspirou o clássico longa-metragem de Michelangelo Antonioni *Blow-up*, de 1966. O filme narra o envolvimento acidental de um fotógrafo com um assassinato ocorrido num parque, depois que começa a fazer descobertas a partir de seguidas ampliações (*blow-ups*) de suas imagens. Está tudo contado no Museo del Cine Pablo Ducrós Hicken, que desde 2011 funciona na Calle Agustín R. Caffarena, 51.

Para matar dois programas com uma cajadada só, aproveite para visitar a

---

MUSEO HISTÓRICO NACIONAL

- DEFENSA, 1.600
- 54 11 4300-7540
- 4, 22, 19, 53, 74, 143, 168
- SEG. E TER., FECHADO; QUA. A DOM., DAS 11H ÀS 18H
- PAGO
- WWW.MUSEOHISTORICONACIONAL.CULTURA.GOB.AR

antiga usina Ítalo Argentina de Eletricidad, em estilo neorrenascentista, inaugurada em 1916, símbolo do desenvolvimento da cidade nas primeiras décadas do século XX.

Depois de ser fechada e mudar várias vezes de proprietário, nos anos 2000 foi comprada pela prefeitura de Buenos Aires e a partir de 2011 começou a ter seus espaços transformados num excelente centro cultural, o **USINA DEL ARTE** ⑪. Abriga uma grande sala de concertos, área de exposições, auditório e um projeto arquitetônico inovador. Vale a pena fazer a visita guiada, que acontece aos sábados, domingos e feriados, às 11h e às 17h, gratuitamente.

Sala de concertos da Usina del Arte. Imponente e com uma das melhores acústicas de Buenos Aires, oferece uma programação intensa e coloca este centro cultural como um dos mais importantes da cidade.

USINA DEL ARTE

- AGUSTÍN R. CAFFARENA, 1
- 54 11 4909-2076
- 8, 20, 29, 64, 86, 152
- TER., FECHADO; QUA., QUI. E SEX., DAS 11H ÀS 18H; SÁB., DOM. E FERIADOS, DAS 10H ÀS 19H
- GRÁTIS
- WWW.BUENOSAIRES.GOB.AR/CULTURA/USINA-DEL-ARTE

MUSEO DEL CINE PABLO DUCRÓS HICKEN

- AGUSTÍN R. CAFFARENA, 51
- 54 11 4300-8370
- 8, 20, 29, 64, 86, 152
- TER., QUA. E QUI., DAS 14H ÀS 19H; SEX., SÁB. E DOM., DAS 10H ÀS 21H; SEG., FECHADO
- PAGO (QUA., GRÁTIS)
- WWW.MUSEODELCINEBA.ORG

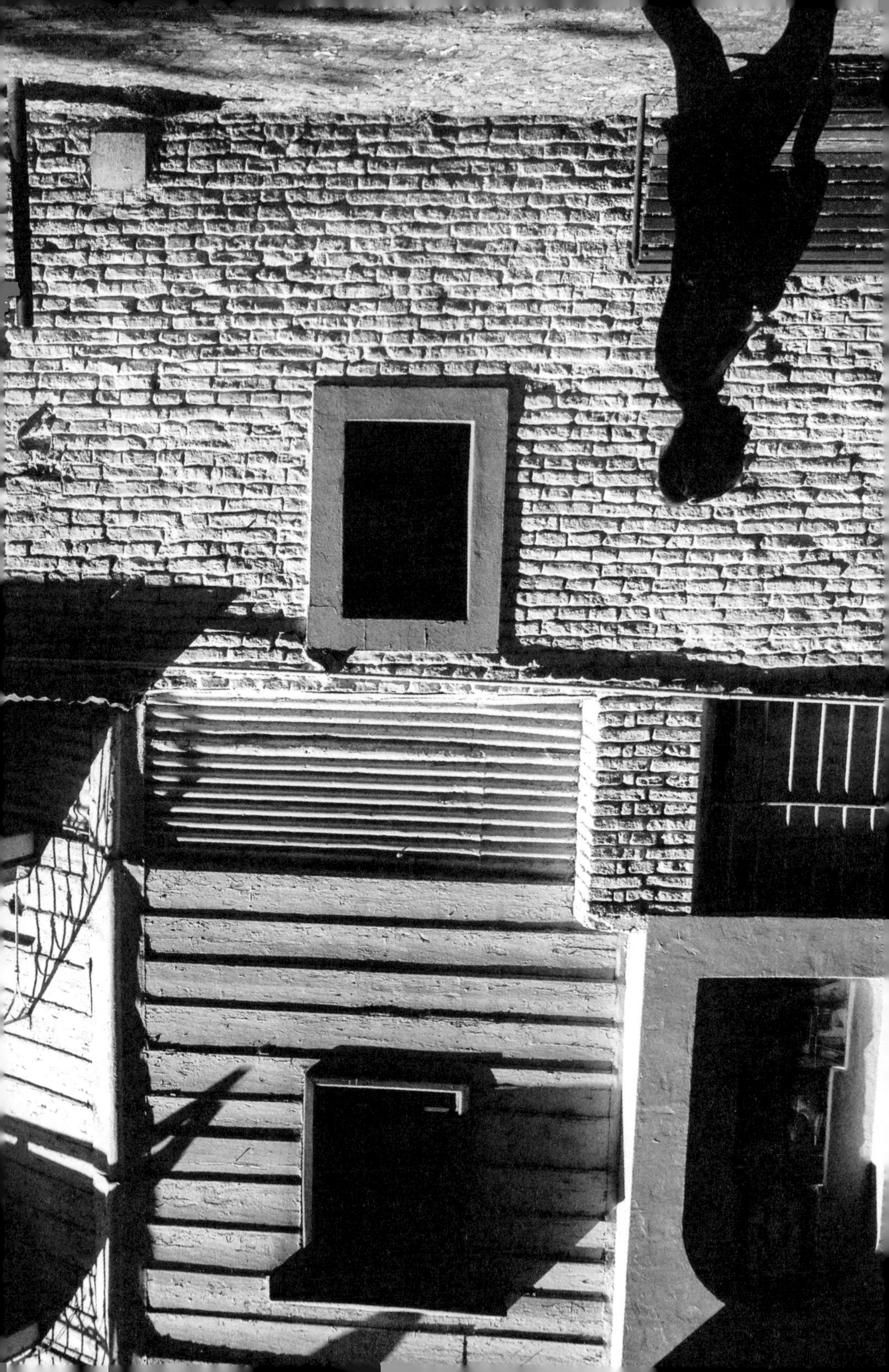

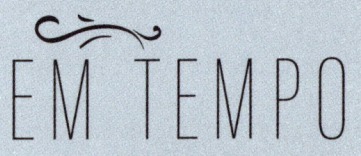

Uma das marcas das casas do Caminito, no bairro La Boca, é o colorido intenso, que pode ser percebido mesmo nesta imagem em preto e branco. Repare bem.

ITINERÁRIO 03

EM TEMPO

La Boca não tem linhas de metrô. Há muitas opções de ônibus que seguem direto para o Caminito, ponto central das atrações, como o 29, o 64 e o 152. Para quem quer ir à Usina del Arte e ao Museo del Cine primeiro (e gosta de caminhar), basta descer sete quadras depois do Parque Lezama, no cruzamento com a Calle Wenceslao Villafañe. Aí é só seguir quatro quadras a pé.

PÉROLAS AOS PORTOS

Uma vez às margens do rio Riachuelo, que corta o bairro, a pedida é seguir direto para o **LA PERLA DE CAMINITO** 12, um café notável que tem detalhes que nos remetem a uma embarcação. Não estamos falando de decoração temática, mas de detalhes sutis, incluindo pequenas placas de metal espalhadas pelo balcão e pelas mesas que determinam nossa posição dentro da nau – *tripulante, capitán...*

Inaugurado em 1882, preserva o teto, o piso, o balcão e as mesas originais, sendo considerado Lugar de Interesse Cultural da cidade. Exibe fotos históricas (com a história do bairro e de visitantes ilustres – Bill Clinton é um deles), livros, uma antiga máquina de escrever Underwood, um piano, pinturas e uma dezena de objetos que compõem o ambiente com delicadeza e memória.

O fato de ficar num ponto bastante turístico tem seu lado negativo, pois em determinadas horas fica difícil conseguir uma mesa. A dica é chegar cedo, por volta das oito da manhã, quando a região ainda não se encheu de estrangeiros, e tomar um café tranquilamente. Além de deliciosas *medialunas*, pão doce típico argentino que muito lembra os *croissants* franceses (mas não são a mesma coisa!), a casa oferece boas empanadas, que já ganharam o mundo e são consideradas por muitos as melhores de Buenos Aires. Sugiro tirar a prova. E sair para conhecer os outros

As famosas *medialunas* do La Perla de Caminito. É fácil perceber que estavam fresquinhas, deliciosas. Quase não deu tempo de fazer a fotografia.

FUNDACIÓN PROA

- PEDRO DE MENDOZA, 1.929
- 54 11 4104-1000
- 20, 29, 53, 64, 86, 152
- TER. A DOM., DAS 11H ÀS 19H; SEG., FECHADO
- PAGO
- WWW.PROA.ORG

atrativos do bairro, cheio de energia e com um gosto bom na boca.

Entre eles indico o **MUSEO DE BELLAS ARTES DE LA BOCA – BENITO QUINQUELA MARTÍN** **13**, que homenageia um ícone da cultura portenha e, principalmente, boquense. A origem humilde e o fato de suas pinturas retratarem o porto e seus trabalhadores fazem de Benito Quinquela Martín a mais importante referência artística do bairro.

O museu exibe parte importante de sua obra, cujo imaginário navega por rios, deques, portos, marinheiros, estivadores e embarcações, e também abre espaço para exposições temporárias de outros artistas. Estar diante de quadros como *Atardecer* e *Incendio en la Boca* já valeria a visita, mas há muito a explorar na obra desse homem que dedicou sua vida à arte e ao trabalho social. Na década de 1930, começou uma série de ações, inaugurando a escola Pedro de Mendoza e o Museu de Bellas Artes de La Boca de Artistas Argentinos, que hoje leva seu nome. Mais tarde, Benito Quinquela doou tudo à cidade de Buenos Aires.

Além das telas, não deixe de conhecer a coleção de esculturas argentinas do século XX, que se encontra no terraço, nos brindando com uma ótima vista do porto.

Do alto também se pode ver o edifício da **FUNDACIÓN PROA** **14** que, além de uma excelente livraria e uma biblioteca voltadas à arte, é um dos centros culturais mais modernos de Buenos Aires, referência para quem quer conhecer nomes relevantes da arte contemporânea.

Inaugurada em 2008, a fundação tem sua sede em um edifício do final do século XIX, totalmente remodelado e adaptado, o que fica claro no belo contraste entre a fachada de formas retilíneas e os adornos rebuscados da arquitetura que preserva. Além da livraria, da biblioteca e dos espaços de exposição, possui auditório, restaurante, cafeteria e salas onde acontecem cursos de arte.

MUSEO DE BELLAS ARTES DE LA BOCA

- PEDRO DE MENDOZA, 1.835
- 54 11 4301-1080
- 20, 29, 53, 64, 86, 152
- TER. A SEX., DAS 10H ÀS 18H; SÁB. E DOM., DAS 11H15 ÀS 18H; SEG., FECHADO
- $ GRÁTIS
- WWW.BUENOSAIRES.GOB.AR/MUSEOQUINQUELAMARTIN

Repare que esta fotografia mostra o que é apenas um detalhe na capa do livro – o interior do La Perla de Caminito, um dos mais tradicionais cafés portenhos, no bairro La Boca. Revelar o todo deste local encantador é uma forma de dizer que Buenos Aires merece ser vista nos detalhes, mas sem deixar de lado sua amplitude. Por isso, mantenha-se sempre atento, o caminho está cheio de surpresas e epifanias.

ITINERÁRIO 03

ITINE-RÁRIO
04

CENÁRIO EXISTENCIAL

RETIRO

A Plaza General San Martín, epicentro do bairro do **Retiro**, nos mantém ligados ao romance *Sobre heróis e tumbas*, de Ernesto Sabato, e nos apresenta ao seu primeiro livro, *O túnel*, lançado em 1948. O entorno repleto de palácios e casarões é um dos símbolos da riqueza de que a Argentina gozou no final do século xix, época em que a cidade foi considerada a Paris da América do Sul. Como no Brasil, o dinheiro vinha da exportação de produtos agrícolas e fez nascer uma metrópole moderna e ostentadora.

Sob a sombra de suas árvores centenárias, olhos curiosos facilmente vão descobrir o Edifício Kavanagh, arranha-céu construído da década de 1930, e a Torre Monumental (conhecida como Torre de los Ingleses), que despontam na paisagem urbana e na trama de Sabato.

O bairro é lembrado também pela presença da imponente Estación Retiro, pérola arquitetônica dos tempos em que os trens eram o principal meio de transporte. Faz parte da memória de meu início de carreira como jornalista, quando visitei a cidade em busca de reportagens inspiradoras. Contarei um pouco de minhas descobertas. O interesse pela vida dos escritores nos leva ainda à Calle Maipú, onde Borges viveu por mais de quarenta anos, e à Librería La Ciudad, onde encontrava-se frequentemente com o escritor Adolfo Bioy Casares, com quem manteve uma profícua amizade e parceria literária. Como você pode notar, nos distanciamos do centro da cidade, mas seguimos lado a lado com a literatura.

Padre Carlos Mugica

Av. 9 de Julio

Av. del Libertador

Retiro
M

5

6

Arroyo

Suipacha

Juncal

Esmeralda

Juncal

Av. del Libertador

2

Maipú

Maipú

Crucero Gral. Belgrano

Arenales

Sgt. Cabral

Maipú

1

Florida

3

Dr. Ricardo Rojas

Av. Santa Fe

Av. Santa Fe

San Martín M

Corina Kavanagh

4

Marcelo Torcuato de Alvear

Av. 9 de Julio

Marcelo Torcuato de Alvear

Reconquista

Paraguay

Esmeralda

Maipú

Florida

San Martín

Três

Sa

Carlos Pellegrini

Av. Córdoba

Viamonte

ITINE-RÁRIO 04

1. PLAZA GENERAL SAN MARTÍN
2. TORRE DE LOS INGLESES
3. EDIFICIO KAVANAGH
4. CASA DE BORGES (CALLE MAIPÚ, 994)
5. MUSEO DE ARTE HISPANOAMERICANO
6. ESTACIÓN RETIRO

Av. José N. Quartino

Av. Eduardo Madero

Av. Antártida Argentina

Av. Lanchas

Cecília Grierson

Olga Cossentini

Av. de los Italianos

JULIO

Garota aproveita o clima de verão
para ler tranquilamente (e desafiar
a gravidade) na Plaza General San
Martín, no bairro Retiro.

ITINERÁRIO 04

"Na realidade, o romance não tem leis, a não ser a de impedir que a lei da gravidade entre em ação e o livro caia das mãos do leitor."

CORTÁZAR,

CONVERSAS COM CORTÁZAR

BELLE ÉPOQUE LATINA

Localizada em uma colina, a PLAZA GENERAL SAN MARTÍN ❶ foi projetada pelo paisagista francês Carlos Thays no final do século xix, em uma época em que Buenos Aires vivia sua Belle Époque, influenciada pela cultura europeia – francesa, podemos dizer.

Antes disso a praça havia sido um mercado de escravos (por sua proximidade com o porto), um forte e um quartel, instalado pelo próprio general José de San Martín (1778-1850), militar vencedor de batalhas decisivas para a independência da Argentina (1816), do Chile (1818) e do Peru (1821) frente ao domínio espanhol. O herói nacional está representado em seu cavalo, liderando um imponente conjunto de estátuas e relevos de bronze, assinados por outro francês, Louis-Joseph Daumas. Foi a primeira estátua equestre de Buenos Aires e ocupa uma área de destaque na arborizada praça.

Para nós, mais que a imponente imagem do libertador argentino, interessam a atmosfera urbana e os arredores da praça – ruas, avenidas, monumentos, casas e edifícios que estão presentes na literatura de Sabato, como a Torre Monumental (Torre de los Ingleses) e o Edifício Kavanagh, dois ícones arquitetônicos e históricos da cidade. Em *Sobre heróis e tumbas*, por exemplo, o narrador diz: "Martín contemplava a Torre de los Ingleses, que marcava o avanço do tempo. Mais atrás destacava-se o complexo da Companhia de Eletricidade, com suas chaminés grandes rechonchudas, e o Puerto Nuevo, com seus elevadores e guindastes: abstratos animais antediluvianos, com seus bicos de aço e cabeças de pássaros gigantescos inclinadas para baixo, como para bicar os barcos".

Refere-se na primeira frase ao gigante de 76 metros de altura, a TORRE DE LOS INGLESES ❷, inspirada no Big Ben londrino, que ocupa uma pequena praça chamada Forza Aérea Argentina (antes conhecida como Británica) contígua à San Martín.

Construída em 1906, a torre foi doada pela comunidade britânica da cidade e possui um relógio na sua parte mais alta. Oficialmente é chamada de Torre Monumental, nome que ganhou depois da Guerra das Malvinas (entre ingleses e argentinos), em 1982. Não pegou. Apesar das desavenças entre os países, os portenhos continuam chamando a gigante de Torre de los Ingleses.

Em outro trecho, Sabato insere em sua paisagem o EDIFICIO KAVANAGH ❸, arranha-céu construído em 1936 e o mais alto da América do Sul na época de sua inauguração.

Com 31 andares e 120 metros de altura, foi erguido a mando da milionária Corina Kavanagh. Conta-se que por causa de uma paixão não correspondida teria pedido aos arquitetos que levantassem o edifício tapando toda a visão que a família do seu ex-amante tinha da igreja do Santíssimo Sacramento, que fica na Calle San Martín. Verdade ou lenda, o eclipse ocorreu. A igreja foi praticamente riscada da paisagem urbana da capital e para vê-la é preciso ir até a travessa que leva o nome da vingativa senhora. Voltando ao cinema argentino, recomendo o filme *Medianeras* (2011), que tem um trecho que conta a história de Corina Kavanagh. No Brasil, ganhou o subtítulo *Buenos Aires da era do amor virtual*, um tanto desnecessário, mas que dá indícios de se tratar de uma comédia romântica, o que de fato é. Martín e Mariana, dois jovens solitários e recém-saídos de relacionamentos longos, vivem em dois prédios da região. Quase se esbarram muitas vezes, mas não sabem da existência um do outro, numa trama bem criativa. Recomendo.

Em *Sobre heróis e tumbas*, o edifício revela-se em reflexões do personagem Martín: "Contemplou o Kavanagh, cujas janelas começavam a ser iluminadas. Também lá no alto, no trigésimo quinto andar, talvez num quartinho um homem solitário também acendesse uma luz. Quantos desentendimentos iguais aos deles, quantas solidões haveria só naquele arranha-céu!", indaga o jovem.

Feito de concreto armado, em estilo racionalista, o Kavanagh foi declarado Patrimônio da Arquitetura da Modernidade pela Unesco, em 1999. Fica bem no final da Calle Florida, no número 1.065, mas como você já percebeu não terá dificuldades para encontrá-lo.

O entorno da Plaza San Martín também é retratado, embora de forma imprecisa, no livro *O túnel*, primeira novela de **Ernesto Sabato**, lançada em 1948, e que o projetou mundialmente.

Sua trama psicológica com base no existencialismo (escola filosófica focada no indivíduo e na sua desorientação em face de um mundo sem sentido) recebeu críticas bastante positivas de intelectuais europeus, em especial do notório escritor franco-argelino Albert Camus (1913-1960), autor de *A peste* e *O estrangeiro*, obras monumentais.

A narrativa de Sabato começa com a confissão de um crime – "Bastará dizer que sou Juan Pablo Castel, o pintor que matou María Iribarne" – e desenrola-se em cenas pelo bairro, com passagens por outras regiões, como os arredores da Calle Corrientes e da Calle Posadas e caminhadas pela Recoleta (nosso próximo itinerário). A partir do testemunho de Castel, são apresentados os pormenores de uma paixão avassaladora, recheada de reflexões filosóficas, parte do intricado diálogo entre os personagens Castel e María Iribarne. Apesar da pouca precisão geográfica é possível reconhecer alguns lugares: "Virou na esquina da rua San Martín, caminhou alguns passos e entrou no prédio da Companhia T. Percebi que tinha de tomar uma decisão rápida e entrei atrás dela, mesmo sentindo que naquele momento estava fazendo uma coisa descabida e monstruosa", descreve o autor, referindo-se a essa rua que nasce na Plaza de Mayo e termina na Plaza San Martín.

ITINERÁRIO 04

LUGARES DE BORGES

Mais uma vez, o que nos resta é uma placa de metal que diz apenas: "Aqui viveu Jorge Luis Borges". No entanto, vale ressaltar que esse simples "viveu", assim, lacônico, refere-se a mais de quarenta anos, de 1944 a 1985, um ano antes de sua morte. Foram quatro décadas gloriosas na vida do escritor, nesse pequeno prédio do **NÚMERO 994 DA CALLE MAIPÚ ❹**, apartamento 6B, onde escreveu alguns de seus principais textos. Acrescento que parte dessas quatro décadas foi vivida com a mãe, Leonor Acevedo Suárez, que faleceu em 1975 – o pai havia morrido em 1938. Os dois moravam juntos, contando com o serviço de secretárias e auxiliares, pois na ocasião Borges já enfrentava graves problemas com a cegueira.

Apesar das dificuldades, produziu nesse período obras como *O Aleph*, um dos grandes exemplos do que chamou de "gênero fantástico", como deixou claro em seu epílogo: "Com exceção de 'Emma Zunz' (cujo argumento esplêndido, tão superior a sua tímida execução, foi-me dado por Cecília Ingenieros) e da 'História do guerreiro e da cativa', que se propõe interpretar dois fatos fidedignos, os contos deste livro correspondem ao gênero fantástico". Reúne contos importantes como "O imortal", "A escrita de Deus" e "O Aleph", que dá nome ao livro.

Vivendo na casa da Calle Maipú, Borges publicou outros cinco títulos – *O fazedor*, livro de poesias lançado em 1960, *Elogio da sombra*, de 1969, *O ouro dos tigres*, de 1972, *O livro dos seres imaginários*, de 1968, e *História da noite*, de 1976, além de uma série de publicações em revistas, como escritor e como editor.

Em 1984, lançou sua última obra, *Atlas*, em parceria com María Kodama, uma de suas ex-secretárias, que se tornaria sua esposa. Trata-se de uma deliciosa coletânea de relatos das andanças do escritor mundo afora. Um livro encantador para viajantes, ilustrado com muitas fotos (feitas por Kodama), no qual Borges, já cego, versa (e prosa) sobre os locais presentes em sua memória.

Em abril de 1986, aos 86 anos, vivendo na Europa, casou-se com María Kodama, hoje a detentora dos direitos da obra borgeana. Ela é também criadora e presidente da Fundación Internacional Jorge Luis Borges (que conheceremos no Itinerário 5 (página 136), que desde 1988 atua na divulgação e preservação do trabalho do escritor, falecido em Genebra, no dia 14 de junho de 1986.

Para quem segue as pegadas de Borges vale saber que no número 971 da Calle Maipú está a **Galería del Este**, que abrigou nos boxes 16 a 18 a Librería La Ciudad, onde o escritor costumava conversar com seus leitores, dar autógrafos, reunir amigos, encontrar escritores e até mesmo dar conferências sobre literatura. Alguns chamavam o lugar, talvez com um pouco de exagero, de segunda casa de Borges. A proximidade com seu apartamento certamente contribuiu para tanto. Infelizmente, a livraria fechou há alguns anos e deu lugar a uma loja de discos de vinil. Os aficionados talvez percebam um pouco da atmosfera que cativou Borges, ou ao menos uma nostalgia dos tempos que não voltam mais.

O Edifício Kavanagh destaca-se por trás das árvores da Plaza General San Martín e arranha os céus da obra de Ernesto Sabato.

O AMIGO CASARES

"Uma velha amizade é como uma casa grande e confortável, na qual se vive à vontade", escreveu **Adolfo Bioy Casares** (1914-1999), em seu antológico *Diário da guerra do porco*, livro lançado em 1969. A frase cabe aqui como preâmbulo para uma potente e profícua parceria, que teve início em 1930 e que resultou em muitos textos escritos a quatro mãos.

Em 1942, por exemplo, publicaram juntos uma série de contos policiais na revista *Sur* intitulados "Seis problemas para Don Isidro Parodi", os quais assinam sob o pseudônimo de Honorio Bustos Domecq.

Em 1946, foi a vez de "Um modelo para a morte", sob o pseudônimo de B. Suárez Lynch, e "Duas fantasias memoráveis", subscrito novamente por Domecq. Eles também realizaram coletâneas de textos, eventos literários e muitos jantares – Borges manteve por quarenta anos o hábito de jantar na casa de Casares, duas ou três vezes por semana.

Adolfo Bioy Casares é autor do cultuado *A invenção de Morel*, lançado em 1941, que o coloca entre os grandes da literatura universal. Foi agraciado inclusive por Borges, que assina o prólogo do livro: "Discuti com o autor os pormenores da trama e a reli; não me parece uma imprecisão ou uma hipérbole qualificá-la de perfeita", atesta o escritor.

O enredo traz a história de um homem que foge para uma ilha supostamente deserta, onde começa a descobrir misteriosos visitantes e

ITINERÁRIO 04

uma máquina capaz de extrair a essência das pessoas e das coisas para depois projetá-la. Chega a apaixonar-se por uma mulher que aparece e desaparece abruptamente. Há quem diga que *A invenção de Morel* inspirou o roteiro de *Lost*, seriado de grande sucesso na tv mundial.

Laureado com diversos prêmios internacionais (como a Légion d'Honneur da França e o Prêmio Cervantes), Casares acumula uma vasta obra, que inclui outros livros importantes para a literatura argentina, a exemplo de *O sonho dos heróis*, de 1954, e *Diário da guerra do porco*, ambos lançados no Brasil.

Vindo de família abastada da capital, o escritor nunca teve problemas com dinheiro, realizando várias viagens à Europa e recebendo total apoio de seus pais para seguir na carreira literária. Em 1934 casou-se com a escritora **Silvina Ocampo** (1903-1993), autora do aclamado livro *La furia*, lançado em 1959, que ganhará tradução para o português em breve, além de contos infantis e poesia. É autora de *Viaje olvidado* (1937) e *Las repeticiones*, publicado postumamente, em 2006. No Brasil é encontrada em coletâneas como *Antologia da literatura fantástica*, ao lado de Borges e Casares.

Bastante identificado com sua cidade, Casares voltará ao nosso passeio no bairro de Palermo, no Itinerário 6 (página 157), nas pegadas do livro *O sonho dos heróis*. O grande amigo de Borges faleceu em 1999, aos 84 anos.

CASA DE NORAH LANGE E OLIVERIO GIRONDO

No número 1.422 da Calle Suipacha, a algumas quadras da Plaza San Martín, está a fachada de uma das casas mais agitadas culturalmente do início do século xx. Ela nos permite falar de outros dois grandes nomes da literatura argentina, ainda que pouco conhecidos no Brasil: **Norah Lange** (1906-1972) e seu companheiro **Oliverio Girondo** (1891-1967).

O casarão foi sede de reuniões e festas que uniram em épocas distintas escritores do gabarito de Federico García Lorca, Pablo Neruda, Bioy Casares, Borges e muitos outros. Oliverio Girondo é considerado uma das principais figuras da vanguarda argentina da década de 1920, com relações com o modernismo brasileiro e seus escritores. Seu primeiro livro, *20 poemas para ler no bonde*, foi lançado originalmente em 1922, mesmo ano da

---

▌**MUSEO DE ARTE HISPANOAMERICANO ISAAC FERNÁNDEZ BLANCO**

- SUIPACHA, 1.422
- 54 11 4327-0228
- 62, 67, 70, 93, 100, 101, 152
- RETIRO (LINHA C)
- SEG., QUA., QUI. E SEX., DAS 13H ÀS 19H; SÁB., DOM. E FERIADOS, DAS 11H ÀS 19H; TER., FECHADO
- PAGO (QUA., GRÁTIS)
- WWW.BUENOSAIRES.GOB.AR/MUSEOFERNANDEZBLANCO/ PALACIO-NOEL

BORGE-ANDO

Borges também faz reverência à Plaza San Martín em um poema de seu primeiro livro, *Fervor de Buenos Aires*:

A praça San Martín

Todo sentir se aquieta
sob a absolvição das árvores
— jacarandás, acácias —
cujas piedosas curvas
atenuam a rigidez da impossível estátua

e em cuja rede se exalta
a glória das luzes equidistantes
do leve azul e da terra avermelhada.
Como se vê bem a tarde
do fácil sossego dos bancos!

Da Plaza General San Martín se vê a Torre Monumental, conhecida também como Torre de los Ingleses.

Semana de Arte Moderna. No Brasil, foi publicado somente em 2014, pela Editora 34.

A poeta Norah Lange, ligada ao Grupo Florida e à revista *Martín Fierro*, teve seus *Cadernos de infância* lançados no Brasil, em 1937, e ganhou importantes prêmios de literatura.

Da casa dos dois escritores é possível visitar a biblioteca, com mais de 9 mil volumes, único cômodo aberto ao público. O restante serve de escritório para os funcionários do MUSEO DE ARTE HISPANOAMERICANO ISAAC FERNÁNDEZ BLANCO ❺, que fica no número 1.422 da mesma rua, bem ao lado.

Aos que chegarem até ali é uma boa pedida conhecer essa simpática instituição, que homenageia um colecionador argentino de família abastada que transformou sua morada no primeiro museu privado do país, na década de 1910. Em 1947, a coleção de Blanco foi transferida para essa mansão da década de 1920, construída pelo arquiteto Martín Noel – motivo de o local ser apelidado de Palacio Noel. Além de boas exposições temporárias, o museu exibe uma interessante coleção permanente, incluindo uma série de violinos dos séculos xviii e xix que já justifica a visita.

MEMÓRIA FOTOGRÁFICA

Em 1999, quando deixei o jornalismo diário e iniciei minha carreira como fotojornalista *freelancer*, visitei Buenos Aires pela primeira vez e, na ocasião, fiz alguns cliques com filme preto e branco na ESTACIÓN RETIRO ❻. Seu interior me fascinou prontamente e tais imagens ficaram guardadas não só na película, como em minha memória mais profunda. As câmaras digitais demorariam alguns anos para dominar o fotojornalismo.

Durante a produção deste guia, quase vinte anos depois, revisitei a estação. A intenção dessa vez, além de conferir um lugar importante da cidade, era conhecer o Café Retiro, notável que fica(va) no interior da estação e que me trazia lembranças bem vagas da primeira viagem, apesar de sua fama. Para minha surpresa, constatei que o estabelecimento conserva ainda sua ambientação original, testemunha do tempo de ouro da estação, no início do século xx – os painéis de madeira, o piso de tacos, a cúpula de vidro dão elegância ao local e nos isolam da agitação dos arredores. Infelizmente foi comprado pela rede Burger King, que se comprometeu a preservar sua arquitetura e vender hambúrgueres. Outra surpresa, além do desaparecimento do café, foi que na hora de ir embora deparei com uma de minhas fotografias preservada pelo tempo, no interior daqueles imensos corredores. Vistas de dentro, três grandes portas deixavam estourar a luz e arrancavam a definição das coisas, silhuetas que entravam e saíam. Ao mesmo tempo os lustres internos pareciam desafiar a força do sol, dando contorno aos detalhes das paredes. A foto é mais ou menos assim. Mas é preciso ir até lá, e buscá-la com retinas curiosas e embebidas na literatura.

Placa na antiga morada do escritor Jorge Luis Borges, na Calle Maipú número 994, onde ele produziu alguns de seus livros mais importantes, como *O Aleph* e *O livro dos seres imaginários*, entre outros.

AQUI VIVIO
E LUIS BORGES
1899 – 1986
BIERNO Y DE C

ITINE-
RÁRIO
05

HERÓIS E TUMBAS

LA RECOLETA

O título dado a este capítulo, referência direta ao livro de Ernesto Sabato, pode parecer um tanto deslocado, considerando que pouco falaremos do escritor durante o passeio pela região. Mas é aqui que temos em nosso caminho o mais famoso cemitério portenho, o Cementerio de La Recoleta, onde está enterrada parte significativa dos heróis da nação, escritores e figuras que compõem o imaginário de Buenos Aires. O bairro de mesmo nome tem sua origem na construção, entre 1724 e 1730, da Basílica Nuestra Señora del Pilar, uma das poucas edificações do período colonial que se conservam em bom estado na capital. No século seguinte, a criação do cemitério mudaria o perfil do bairro, que perdeu seu aspecto rural, tornando-se opção residencial para a classe mais abastada da cidade. Assim como o Retiro, **La Recoleta** é reflexo da influência francesa durante o período de grande riqueza, no final do século xix, com o surgimento de mansões e palácios ostentosos.

Mais que a fama do Cementerio de La Recoleta, que lhe empresta o nome, o bairro nos leva a importantes livrarias, como a El Ateneo Grand Splendid, à Fundación Internacional Jorge Luis Borges, ao artista Xul Solar (que tem relação direta com a literatura) e à Biblioteca Nacional (a atual). Tudo isso sem perder de vista nossa companheira, a poesia.

RECOLETA
Las Heras
Agüero
Santa Fe
Córdoba
Facultad de Medicina
Av. Gral. Las Heras
Av. del Libert
Plaza M
República
Guido
Plaza Kelly y Obes
Galileo
Copernico
Dr. Luis Agot
Agüero
Austria
José Andrés Pacheco de Melo
Juan María Gutiérrez
Laprida
Peña
Av. Cnel. Díaz
Billinghurst
Sánchez de Bustamante
French
Juncal
Beruti
Arenales
Av. Santa Fe
Av. Pueyrredón
Azcuenága
Pres. José Evaristo Uriburu
Ecuador
Charcas
Dr. Tomás Manuel de Anchorena
Paraguay
Larrea
Plaza Monseñor Miguel de Andrea
Av. Córdoba
Ayacucho
2
3
4
5
8
9

M Facultad de Derecho

Museo Nacional
de Bellas Artes

Plaza Francia

Av. Pueyrredón

Av. del Libertador

Posadas

Av. Alvear

Av. Callao

Junín

Ayacucho

Av. Pres. Manuel Quintana

Plaza
Manuel
Mujica
Láinez

Av. Gral. Las Heras

Guido

Vicente López

de Melo

Av. Callao

Plaza
Vicente
López

Arenales

Arenales

Av. Santa Fe

Libertad

Charcas

Talcahuano

Av. 9 de Julio

Paraguay

Plaza
Rodríguez
Peña

Av. Callao

Rodríguez Peña

Montevideo

Paraná

Uruguay

Paraguay

Av. Córdoba

Av. Córdoba

M Callao

Viamon

ITINE-RÁRIO 05

1. CEMENTERIO DE LA RECOLETA
2. LIBRERÍA NORTE
3. FUNDACIÓN INTERNACIONAL JORGE LUIS BORGES
4. MUSEO XUL SOLAR
5. MUSEO CASA DE RICARDO ROJAS
6. EL ATENEO GRAND SPLENDID
7. LIBRERÍA CLÁSICA Y MODERNA
8. BIBLIOTECA NACIONAL
9. MUSEO DEL LIBRO Y DE LA LENGUA

"O verdadeiro caminhante é o de um só caminho. O outro será um explorador, um turista, uma pessoa que faz a digestão. Eu sou caminhante. Este é meu trajeto, minha boca."

BALDOMERC
FERNÁNDEZ
MORENO,
GUÍA CAPRICHOSA DE BUENOS AIRES

Anjos sobrevoam os túmulos do Cementerio de La Recoleta, o mais famoso da capital portenha.

MORADA DE IMORTAIS

A maioria das pessoas que segue para o **CEMENTERIO DE LA RECOLETA ❶** o faz para ver o túmulo de María Eva Ibarguren de Duarte, Evita Perón, que faleceu em 1952. Está sempre cheio de gente e flores, homenagens, mensagens, devoções e paixões.

É, sem dúvida, a figura mais conhecida sepultada ali, ainda que para nós interessem também nomes como Adolfo Bioy Casares, **Victoria Ocampo**, sua irmã Silvina Ocampo, Oliverio Girondo e José Hernández, todos escritores que descansam com um pouco mais de paz, próximo à agitação da controversa ex-primeira-dama da nação. De nossa santíssima trindade, nenhum repousa ali. Borges e Cortázar estão na Europa; Sabato foi cremado e suas cinzas estão num cemitério nas Ilhas Malvinas.

Manuel Mujica Lainez está enterrado em Córdoba, cidade onde nasceu, mas se faz presente na região numa praça que leva seu nome, ao lado do cemitério, na esquina da Calle Junín com a Vicente López.

Dos ausentes, destaco também o escritor Leopoldo Lugones, dono de uma história curiosa ligada ao cemitério. O autor de *Contos fatais* e *As forças estranhas* (ambos lançados no Brasil), suicidou-se em fevereiro de 1938 e por décadas esteve enterrado no Recoleta, sem qualquer placa que o identificasse, tal como havia solicitado à família. Também pediu que nenhuma rua ou praça tivesse seu nome na cidade. Em 1994, retiraram seus restos mortais dali e os levaram para um cemitério de Villa de María de Río Seco, sua cidade natal, na província de Córdoba.

Seja como for, na Recoleta estamos diante de um dos cemitérios mais interessantes do mundo, histórica e arquitetonicamente, projetado pelo engenheiro francês Prosper Catelin e inspirado no parisiense Père-Lachaise, onde estão enterrados Balzac, Proust e Oscar Wilde. O Recoleta foi o primeiro cemitério público de Buenos Aires, inaugurado em 1822, sobre os jardins da Basílica Nuestra Señora del Pilar, que pertencia à Ordem dos Recoletos – o que deu origem ao nome.

Confesso que a curiosidade (e muitas vezes os livros) sempre me leva a esse tipo de passeio, mesmo não sendo dos meus preferidos. No caso do La Recoleta fui atraído (como quase todo mundo) pela figura de Evita Perón, em especial a descrita no livro *Santa Evita*, do jornalista argentino Tomás Eloy Martínez. Ele também é autor de *O romance de Perón*, biografia de Juan

---

▌CEMENTERIO DE LA RECOLETA

- 🏢 JUNÍN, 1.760
- 📞 54 11 4803-1594
- 🚌 17, 61, 62, 92, 93, 101, 110
- 🚇 LAS HERAS E FACULTAD DE DERECHO (LINHA H)
- 🕐 ABERTO TODOS OS DIAS, DAS 7H ÀS 17H30
  VISITAS GUIADAS: SÁB., DOM. E FERIADOS, ÀS 11H E ÀS 15H;
  TER. A SEX., ÀS 11H E ÀS 14H
- 💲 GRÁTIS
- 📱 WWW.CEMENTERIORECOLETA.COM.AR

Domingo Perón (1895-1974), marido de Evita e uma das figuras mais emblemáticas da história da Argentina. Nas duas biografias, Tomás Eloy Martínez, que faleceu em 2010, acumula polêmicas com seus textos fortes, humanos, recheados de grandes reflexões, momentos sórdidos do poder e até do universo literário.

Em *Santa Evita*, por exemplo, esmiúça toda a *via crucis* que o corpo da "mãe dos pobres", como era chamada por muitos, seguiu – foi embalsamado e teve seu paradeiro desconhecido de 1955 a 1971, quando foi escondido pelos opositores de Juan Domingo Perón, presidente deposto. O autor revela condutas não muito civilizadas de escritores e intelectuais que desejavam e festejavam abertamente a doença e a morte de Evita, como fica claro neste trecho do livro: "De repente, os arautos da civilização souberam com alívio que as navalhas do câncer dilaceravam a matriz 'dessa mulher'. Na revista *Sur*, resignado refúgio da *intelligentsia* argentina, a poeta Silvina Ocampo alvissarava o fim do pesadelo em rimas enfáticas:

Que não renasça o sol,
que a lua de vez suma
Se tiranos assim semearam a infortuna
Enganando a pátria.
É tempo já que morra
Essa raça maldita, essa fétida borra.

(Sugiro alguns segundos de silêncio para reflexão.)

Nesse mesmo livro, lançado em 1995, Tomás Eloy Martínez fala da relação tempestuosa entre Borges e o marido de Evita, Juan Domingo Perón, tido por alguns como um salvador da pátria e por outros como um ditador inescrupuloso. A julgar pela análise que faz da obra de Borges, o autor parece adotar o segundo adjetivo: "Todos os relatos que Borges escreveu nessa época refletem o desamparo de um cego ante as ameaças bárbaras do peronismo. Sem o terror por Perón, os labirintos e espelhos de Borges perderiam uma parte substancial de seu sentido. Sem Perón, a escritura de Borges não teria estímulos, refinamentos elusivos, metáforas perversas".

Em *O romance de Perón*, publicado dez anos antes, em 1985, encontramos referências literárias saídas da boca do próprio personagem, em entrevista ao jornalista: "Sei o *Martín Fierro* de memória. É difícil encontrar um discurso meu em que, por um motivo ou por outro, eu não invoque um de seus versos formidáveis. Quando ganhei o livro de meu pai, aquela era leitura de camponeses. A obra ainda não tinha a glória que obteria depois".

Em outro trecho que me impressionou, o ex-presidente fala de suas táticas para vilipendiar os inimigos: "Quando os chineses querem matar os pardais, não deixam que pousem nas árvores. Eles os fustigam com pedaços de pau, não deixam que pousem e, assim, vão tirando seu fôlego, até que o coração não aguenta mais. Com os que pretendem voar muito, eu faço o mesmo. Deixo que voem. Mais cedo ou mais tarde, todos caem, como os pardais".

Pois bem... o escritor e jornalista colombiano Gabriel García Márquez

(1927-2014), outro grande mestre do realismo fantástico, costumava dizer que não havia uma linha de sua obra ficcional que não se fundamentasse na realidade.

Confesso que, em muitos trechos dessas duas biografias incríveis, cheguei a me perguntar se estava diante de um livro jornalístico ou de uma obra do tal realismo fantástico. Se eles costumam se confundir, aqui temos um grande exemplo.

Tomás Eloy Martínez possui uma vasta obra como escritor e como jornalista. Faleceu em 2010 e está enterrado no Cementerio del Pilar, em Buenos Aires.

ÚLTIMA VISITA

Bem perto do Cementerio de La Recoleta, a pouco mais de cem metros, na Avenida General Las Heras, 2.225, encontra-se a **LIBRERÍA NORTE ❷**, fundada por Héctor Yanover em 1961. Era amigo de Julio Cortázar e teria passado um dia todo com o amigo, na livraria, na última visita que o escritor fez a Buenos Aires, em novembro de 1983. A filha de Héctor, Debora Yanover, hoje responsável pelo estabelecimento, conta que o escritor foi muitíssimo delicado e prestativo, disposto a fazer fotos com todos os empregados da loja, distribuir autógrafos e abraços. Um dos motivos da estada de Cortázar teria sido a posse de Raúl Alfonsín à Presidência, num mandato que foi de 1983 a 1989. Não se sabe o porquê, mas o recém-empossado não quis receber o escritor. Ironicamente, Cortázar teve o reconhecimento de anônimos na rua, enquanto fazia suas caminhadas pela cidade. "Te dou um exemplo, na saída de um cinema da rua Corrientes, onde havia visto o filme de Soriano, *No habrá más penas ni olvido* [adaptação do livro de Osvaldo Soriano para o cinema, dirigida por Héctor Oliveira], me encontrei com uma manifestação que subia pela Corrientes, duas ou três *Madres e Abuelas* [referência aos movimentos de mulheres que tiveram seus filhos assassinados durante a ditadura militar na Argentina], um par de deputados radicais, e centenas de jovens, alguns adolescentes e até crianças, que gritavam pelos desaparecidos e pelo retorno da liberdade. Como era inevitável, me viram no caminho: a manifestação parou bruscamente e todos pularam em minha direção, me envolveram em uma maré humana, me beijaram e me abraçaram e estiveram a ponto de me arrancarem a jaqueta, sem falar das centenas de autógrafos que tive que distribuir", descreve Cortázar ao amigo e editor Mario

> ## LIBRERÍA NORTE
> 🏢 GENERAL LAS HERAS, 2.225
> 📞 54 11 4807-2039
> 🚌 37, 61, 92, 93, 95, 101, 102, 110
> 🚇 LAS HERAS (LINHA H)
> 🕐 SEG. A SEX., DAS 10H ÀS 21H; SÁB., DAS 10H ÀS 20H; DOM., FECHADO
> 💲 GRÁTIS
> 📱 WWW.LIBRERIANORTE.COM.AR

LEVADO PELA EMOÇÃO

O livro *Santa Evita* levou-me também ao **Museo Evita**, apesar de o espaço não possuir uma relação direta com a literatura. Lá fui eu, sem imaginar que fosse me emocionar tanto. Acabei levado pela forma como o museu nos coloca ao mesmo tempo diante de um ser humano tocante e de um mito intocável. Logo de início, há uma grande projeção do momento em que ela se despede do povo argentino para travar uma luta contra o câncer, doença que a mataria no dia 26 de julho de 1952, aos 33 anos. Bem estruturado, o museu traz objetos pessoais dessa atriz e grande figura política, e preserva os cômodos do edifício que foi uma das residências de transição criadas por Evita, com o intuito de receber mulheres e crianças desamparadas. O Museo Evita fica no bairro de Palermo, nosso próximo itinerário. O site é www.museoevita.org.ar.

Muchnik. Tratava-se também de uma despedida de Buenos Aires, pois o escritor faleceria poucos meses depois, em 12 fevereiro de 1984, em Paris.

MUDANÇAS DE BORGES

Acho que vale entender um pouco mais as idas e vindas de Borges pela cidade de Buenos Aires, com várias mudanças de casa e de bairro, sempre acompanhado da mãe e da irmã. Não que precisemos visitar todos esses locais (que, confesso, têm pouco a acrescentar sobre o escritor), mas não poderia deixar de citá-los neste guia.

Borges e a família viveram em dois endereços do bairro de La Recoleta. Em 1924, depois de voltarem de uma estada na Europa (explicarei os motivos no próximo capítulo), passam a viver na **Calle Quintana, 222**, onde ficam até 1929.

Nesse período, o escritor, com quase 30 anos, lança três livros – *Inquisições*, em 1925, *O tamanho de minha esperança*, em 1926, e *O idioma dos argentinos*, em 1928, todos representantes de uma fase que o próprio Borges iria renegar. Dos dois primeiros, por exemplo, além de proibir a publicação, o escritor chegou a comprar exemplares nas livrarias para que ninguém os lesse.

Em alguns textos que pesquisei, os críticos ratificam a postura do escritor, por tratar-se de livros truncados, recheados de *argentinismos* popula-rescos, fruto de sua fase nacionalista.

Após a morte de Borges, a esposa, María Kodama, voltou a publicá-los, o que gerou certa polêmica em torno da detentora dos direitos autorais do autor.

Em 1929, Borges muda-se para o quinto andar de um prédio na **Avenida Pueyrredon, 2.190**, no mesmo bairro, onde permanece por quase uma década e tem uma fase literária bem melhor que a anterior. Nesse mesmo ano lança *Caderno San Martín*, seu segundo livro de poemas, e, em 1930, *Evaristo Carriego*, biografia de um grande amigo de seu pai e influenciador de sua obra. Acrescenta à sua bibliografia o primeiro livro de contos, *História universal da infâmia*, e o ensaio *História da eternidade*, de 1936.

Em 1938 morre seu pai. Com sua mãe, sua irmã e o cunhado, muda-se no ano seguinte para a **Calle Dr. Tomás Manuel de Anchorena, número 1.972**, bem próximo ao edifício que abriga a Fundación Internacional Jorge Luis Borges. Em 1944, o escritor muda-se para a Calle Maipú, que já conhecemos, onde reside até seguir para a Europa, em 1985.

FUNDACIÓN INTERNACIONAL JORGE LUIS BORGES

- DR. TOMÁS MANUEL DE ANCHORENA, 1.660
- 54 11 4822-4940
- 39, 41, 61, 62, 111, 118
- LAS HERAS E SANTA FE (LINHA H), AGÜERO (LINHA D)
- ABERTO À VISITAÇÃO QUI. E SEX., DAS 10H30 ÀS 12H30 (RECOMENDO LIGAR)
- GRÁTIS
- WWW.FUNDACIONBORGES.COM.AR

Cena pra lá de inusitada, momento único que captei do monumento a Carlos María de Alvear, quase em frente ao Cementerio de La Recoleta. Quando estamos empenhados, o universo conspira. E inspira.

Seguindo pela Anchorena, chegamos a um local inevitável para os aficionados pelo legado borgeano, a **FUNDACIÓN INTERNACIONAL JORGE LUIS BORGES** ❸, que nos ajuda a entender um pouco mais sua trajetória e a dimensão de sua obra no mapa da literatura universal. Tem pertences do escritor – sua biblioteca, manuscritos, quadros (há duas obras do pintor espanhol Rafael Alberti inspiradas no livro *Fervor de Buenos Aires*), sua coleção de bengalas e alguns objetos curiosos, como o mapa astral feito pelo amigo Xul Solar. Encontramos também edições traduzidas para vários idiomas (*O Aleph*, por exemplo, foi editado em 25 línguas), condecorações, prêmios recebidos, além de presentes que ganhou – costumava dizer que os presentes eram algo predestinado e que tinham a ver com a vida de quem os recebe. Passei um tempo refletindo sobre isso, olhando para as coisas que acumulo.

No primeiro piso, há uma réplica do quarto do escritor na casa da Calle Maipú, onde conheceu María Kodama, na época sua secretária.

Algo que me impressionou fortemente quando visitei a Fundación Internacional Jorge Luis Borges foi a explanação durante a visita guiada. A garota, Catalina, explicou a vida de Borges com uma paixão que me comoveu, me fez entrar de cabeça na vida do escritor, como se ele estivesse ali, morasse naquela casa.

Se mantiverem o mesmo nível em todas as visitas, certamente será sempre uma experiência incrível. Segundo Catalina, todo o conteúdo abordado tem a supervisão direta de María Kodama, viúva do escritor e presidente da fundação.

Olhando esta imagem fica fácil entender por que esta livraria é considerada uma das mais belas do mundo. Um teatro transformado em livraria, a El Ateneo Grand Splendid tornou-se um dos lugares mais espetaculares para nós, amantes dos livros.

ITINERARIO 05

LITERATURA À VENDA

Ao seguir pela Avenida Alvear no sentido Centro, cruzamos com a **Calle Adolfo Bioy Casares**, uma homenagem ao escritor, que viveu com sua esposa, Silvina Ocampo, virando a esquina, num apartamento do número 1.655 da Calle Posadas, quinto andar. Além de morada do casal, o local foi um importante ponto de encontro de escritores, estando Borges entre os mais assíduos. A venda do imóvel, em 2015, provocou certa comoção entre intelectuais portenhos, que o consideram parte importante da memória literária da cidade. Não acompanhei o desenrolar da história, nem soube se o apartamento foi comprado, mas chamou minha atenção um dos anúncios de venda que destacava justamente o universo literário.

"Excelente apartamento em três níveis, com 347 m² de área total (254 m² cobertos). A propriedade pertencia em vida à famosa escritora argentina Alicia Jurado, tendo como proprietários anteriores Silvina Ocampo e Adolfo Bioy Casares, que residiam no prédio quando ele construiu a biblioteca maravilhosa que possui a propriedade. Nesta mesma propriedade, Alicia Jurado e Jorge Luis Borges reuniram-se todas as quartas-feiras, o que deu origem ao famoso livro O que é o budismo, no qual compartilham a autoria. Em cada metro quadrado da propriedade você pode sentir sua história maravilhosa, onde têm circulado muitos autores universais. Construiu o mesmo com materiais de alta qualidade."

O AMIGO SOLAR

Outro personagem das artes que ganha espaço na biografia de Jorge Luis Borges é o artista plástico argentino Xul Solar, a quem podemos conhecer um pouco mais no museu que leva seu nome, na Calle Laprida, 1.212.

Oscar Augustín Alejandro Schulz Solari, que se autonomeou Xul Solar, nasceu em 14 de dezembro de 1887, filho de pai de origem alemã e mãe de origem italiana. É considerado um dos mais importantes pintores argentinos, conhecido por sua inquietude e pela trajetória que vai além dos rótulos – escultor, escritor, criador de idiomas, diretor de teatro, inventor, místico, louco, tudo cabe em Xul Solar. "Poderíamos dizer que Xul, que era místico, poeta e pintor, era o nosso William Blake", afirma Borges em sua autobiografia, numa referência ao poeta e pintor inglês cuja obra era tida como "fantástica".

O amigo complementa: "Xul também era filólogo e inventor de duas línguas. Uma delas era uma língua filosófica no estilo de John Wilkins e a outra uma variante do espanhol, com muitas palavras em inglês, em alemão e grego".

A primeira, o pintor chamou de *panlíngua* – "sobre base numérica e astrológica, que tanto contribuiria a que os povos se conhecessem melhor uns aos outros"; a segunda é o *neo-criollo*, "língua que o mundo cobra da América Latina", nas palavras do próprio Xul. Outra possível referência de Borges ao parceiro criador de línguas está no conto "Tlön, Uqbar, Orbis Tertius", do livro *Ficções*, no qual relata um mundo imaginário com idioma próprio, a partir de palavras que se formam com a adição de prefixos e sufixos.

Na pintura, Xul Solar é dono de uma obra com marcas muito pessoais, a ponto de ser muito fácil reconhecê-lo em qualquer museu da cidade. Em Buenos Aires, entre as instituições que exibem seus trabalhos estão o Museo de Arte Latinoamericano (www.malba.org.ar) e a Collección de Arte Amalia Lacroze de Fortabat

(www.coleccionfortabat.org.ar), que fica na região de Puerto Madero – aliás, vale a visita a esse espaço.

Localizado a poucas quadras da Fundación Internacional Jorge Luis Borges, o **MUSEO XUL SOLAR** ❹ foi inaugurado em 1993 pela esposa, Micaela Cadenas, e pelo marchand de Xul Solar, Natalio Povarché, a partir da proposta do artista de criar o Pan Klub, um local universal para encontros de intelectuais e pessoas inquietas como ele.

Muito bem montado, além de algumas de suas pinturas mais importantes (como *Vuel Villa*, de 1936, e *Proyecto Fachada Delta*, de 1954), traz objetos pessoais, a exemplo dos cadernos de rascunho da década de 1950. Há também os mapas astrais que o pintor fazia para os amigos (Borges, por exemplo) e algumas invenções, a exemplo de um piano com teclas coloridas, que propõe novos arranjos harmônicos.

Xul Solar faleceu em 9 de abril de 1963 em sua casa em Tigre, região no delta do rio Paraná, a trinta quilômetros de Buenos Aires. Teria dito à esposa que, enquanto ela segurasse sua mão, ele não morreria. Durante a noite, Lita (como Micaela era conhecida) teve de se ausentar por um momento e, quando voltou, Xul havia morrido. Em seu enterro, um dos discursos foi do grande amigo Jorge Luis Borges.

MUSEO XUL SOLAR
- LAPRIDA, 1.212
- 54 11 4824-3302
- 12, 29, 39, 64, 68,109
- AGÜERO E SANTA FE (LINHA D)
- TER. A SEX., DAS 12H ÀS 20H; SÁB., DAS 12H ÀS 19H; DOM. E SEG., FECHADO
- PAGO
- WWW.XULSOLAR.ORG.AR

MUSEO CASA DE RICARDO ROJAS
- CHARCAS, 2.837
- 54 11 4824-4039
- 12, 39, 57, 68, 109, 111
- AGÜERO E SANTA FE (LINHA D)
- TER. A SÁB., DAS 11H ÀS 19H; DOM. E SEG., FECHADO VISITAS GUIADAS: QUA., ÀS 15H
- GRÁTIS
- WWW.MUSEOROJAS.CULTURA.GOB.AR

VIDA DEDICADA ÀS LETRAS

A pouco mais de cem metros do Museo Xul Solar está o **MUSEO CASA DE RICARDO ROJAS** ❺, legado desse intelectual reverenciado na Argentina e considerado um dos mais importantes educadores do século XX.

Nascido em 1882, produziu trabalhos acadêmicos e dedicou-se ao teatro e à poesia, tendo vivido nessa casa de 1929 até sua morte, em 1957. Em 1958, todo seu espólio já havia se tornado um museu, que exibe móveis, obras de arte, peças arqueológicas, relíquias, documentos e uma biblioteca com mais de 20 mil títulos, sendo grande parte voltada a assuntos ligados à cultura indígena, tema central de seus estudos.

A casa, que tem pilares e o jardim com motivos de várias etnias da América Latina, foi restaurada recentemente e encontra-se em ótimas condições, permitindo uma verdadeira viagem no tempo. Como ensaísta, Ricardo Rojas escreveu *Historia de la literatura Argentina*; na literatura, seu maior destaque (dentre uma obra vasta) foi *O santo da espada*, que narra a vida do general San Martín. Foi lançado no Brasil pela editora do Ministério das Relações Exteriores, em 1948.

▌LIBRERÍA CLÁSICA Y MODERNA

- 🏠 CALLAO, 892
- 📞 54 11 4811-3670
- 🚌 12, 37, 60, 106, 109, 124, 132, 150
- 🚇 CALLAO (LINHA D)
- 🕐 SEG. A SÁB., DAS 10H ÀS 22H; DOM., DAS 18H ÀS 21H
- 💲 GRÁTIS
- 📱 WWW.CLASICAYMODERNA.COM

ITINERÁRIO 05

EL ATENEO GRAND SPLENDID

- SANTA FE, 1.860
- 54 11 4813-6052
- 10, 12, 37, 39, 59, 108, 111, 124, 152
- CALLAO (LINHA D)
- SEG. A QUI., DAS 9H ÀS 22H;
  SEX. E SÁB., DAS 9H À 0H; DOM., DAS 12H ÀS 22H
- GRÁTIS
- WWW.YENNY-ELATENEO.COM

Clima aconchegante da Librería Clásica y Moderna, uma das mais prestigiadas de Buenos Aires. Além de livros, oferece ótimos cardápio e programação cultural.

DUAS GIGANTES DOS LIVROS

Confesso que não simpatizo muito com apelidos do tipo "a mais isso", "a mais aquilo", "o melhor isso", "o melhor aquilo". Muito menos apoio esse desleixo no tratamento que dispensamos ao segundo colocado, sempre à sombra do degrau mais alto do pódio. Não dá certo.

Quer um exemplo? Em 2008, a livraria **EL ATENEO GRAND SPLENDID** ❻ foi escolhida a segunda mais bonita do mundo pelo jornal britânico *The Guardian*. A primeira foi a Boekhandel Dominicanen, que fica em Maastricht, na Holanda, instalada numa antiga igreja com mais de setecentos anos de história. Em terceiro está a Lello, na cidade do Porto, em Portugal. Sinceramente, acho muito difícil escolher esta ou aquela como a melhor, ou ditar degraus para cada uma.

O que posso dizer é que a El Ateneo Grand Splendid é um desses lugares incríveis em que a primeira reação é disparar um monte de palavrões ao vento como forma de expressar a emoção que é estar ali. Você já deve ter passado por isso.

Para começar, ela ocupa o que já foi o Teatro Norte, inaugurado em 1903, que se tornaria, em 1919, o El Splendid Theater, dando origem ao nome que carrega ainda hoje. Em 2000, a rede de livrarias Ateneo comprou, restaurou e adaptou o lugar para ser uma das mais importantes bookstores do mundo, sem perder sua marca arquitetônica – a majestosa cúpula, os detalhes do palco, as pinturas. Onde havia cadeiras para o público há estantes com livros, cds e dvds. No palco há um café cujas mesas podem ser vistas através da abertura da cortina, nos dando a impressão de estarmos diante de uma peça da dramaturgia portenha. E de certa forma estamos.

O prédio majestoso traz em sua cúpula um afresco do italiano Nazareno Orlandi, com tema pacifista inspirado no final da Primeira Guerra Mundial. Foi uma encomenda de Max Glücksmann, proprietário do Splendid Theater, um imigrante austríaco que se destacou no ramo das artes. Além do teatro, investiu no cinema, na fotografia e na música, sendo um dos incentivadores de Carlos Gardel, que se apresentou várias vezes no palco do Splendid.

Hoje você pode tomar um café nesse mesmo palco.

A livraria impressiona também por seu tamanho e seus números: possui cinco andares (incluindo o subsolo, onde fica a seção infantil) e reúne mais de 120 mil títulos, sendo a maior da cidade em quantidade e variedade. Abriga ainda um auditório com capacidade para 130 pessoas, utilizado para palestras e lançamentos de livros.

Com tanta beleza e grandiosidade, virou uma atração turística, com tudo de bom e de ruim que isso pode significar. Mesmo o mais desatencioso visitante vai ficar fascinado. Mesmo quem nunca leu um livro na vida vai se orgulhar de ter estado ali.

Àqueles que são leitores contumazes,

sugiro seguir algumas quadras a mais até uma tradicional livraria portenha, a **LIBRERÍA CLÁSICA Y MODERNA** **7**, fundada em 1938.

Acaba de completar 80 anos com espírito jovem e a experiência de grandes livreiros. Nasceu do sonho do espanhol Francisco Poblet, que tornou o lugar um ponto de encontro de intelectuais e artistas, principalmente durante as décadas de 1960 e 1970. Com sua morte, a livraria foi assumida por seus dois filhos, Natu e Paco, que driblavam a ditadura argentina vendendo livros proibidos e difíceis de encontrar na cidade. No final da década de 1980, com o fim do regime, a livraria ganhou asas e cresceu – foram construídos um restaurante e um palco, que rejuvenesceram suas instalações e transformaram o lugar num centro cultural. Tem um café simpático e serve refeições. Além disso, oferece shows semanais, com nomes da música argentina em suas mais amplas vertentes. Vale ficar atento à programação.

PATRIMÔNIO ENTRE LIVROS

Do lado de fora, o edifício da **BIBLIOTECA NACIONAL MARIANO MORENO DE LA REPÚBLICA ARGENTINA** **8** chama a atenção por suas linhas arrojadas, projetadas por três arquitetos argentinos de renome – Clorindo Testa (nascido na Itália e naturalizado argentino), Francisco Bullrich e Alicia Cazzaniga, vencedores de um concurso público internacional. O prédio passa uma ideia bastante clara de estarmos diante de uma instituição relevante para a cidade, e uma das mais importantes do mundo por seu acervo.

Antes mesmo de entrarmos no bloco principal, os mais atentos vão perceber um caminho literário – há uma pequena praça, Plaza Rayuela, em homenagem a Cortázar (*Rayuela* é o título em espanhol de *O jogo da amarelinha*), uma praça Jorge Luis Borges, o Restaurante e Café Macedonio (homenagem ao escritor argentino Macedonio Fernández) e uma estátua de Manuel Mujica Lainez, com a frase: "Escritor de la Buenos Aires misteriosa". E isso é só o começo.

Uma vez lá dentro, surpreende a união de modernidade e tradição. Os livros, por exemplo, estão todos no subsolo e os usuários os solicitam por meio de computadores. Quando chegam, painéis eletrônicos avisam que podem ser retirados.

Ao mesmo tempo, algumas salas exibem móveis, luminárias e estantes que pertenceram às outras sedes da instituição, como o prédio da Calle

BIBLIOTECA NACIONAL MARIANO MORENO

- AGÜERO, 2.502
- 54 11 4808-6000
- 10, 37, 41, 59, 60, 67, 93, 102, 108, 110, 130
- LAS HERAS (LINHA H)
- SEG. A SEX., DAS 9H ÀS 21H; SÁB. E DOM., DAS 12H ÀS 19H
- GRÁTIS
- WWW.BN.GOV.AR

ITINERÁRIO 05

México, onde trabalhou Borges. A sala de leitura é um belíssimo exemplo.

Os volumes mais valiosos estão na Sala del Tesoro, que reúne mais de 11 mil exemplares raros, a maioria dos séculos xvi e xvii, e dezenas de incunábulos (obras impressas durante o surgimento da imprensa, entre os séculos xv e xvi) datados do século xv. Manuscritos, mapas, fotografias, revistas, partituras estão disponíveis ao visitante. Não posso deixar de contar que há uma sala chamada João Guimarães Rosa, homenagem ao escritor mineiro que como poucos faz parte de minha trajetória literária.

As visitas guiadas são gratuitas e acontecem de segunda a sexta às 15h. Duram cerca de duas horas.

Se tiver ânimo, podemos andar mais um pouco na mesma quadra e visitar o **MUSEO DEL LIBRO Y DE LA LENGUA** 9. Oportuno, não? Sim. Embora se trate de um museu pequeno, voltado mais para crianças e jovens, vale uma espiada.

Logo no início, um vídeo mostra a diferença entre o castelhano vindo para a América Latina e o espanhol falado na Espanha. A explicação tem motivos históricos que justificam cada minuto.

Outro destaque, embora não esteja relacionado ao universo do livro, é a presença de quatro painéis que pertenciam às Galerías Pacífico (feitos pelos aprendizes do muralista mexicano David Alfaro Siqueiros, como contei no Itinerário 2 (página 62), descartados depois de sua reforma em 1992. Felizmente, foram preservados e restaurados. Representam as quatro estações do ano.

O MENTOR DE BORGES

Como preparação para o próximo itinerário, trago alguns detalhes do escritor **Macedonio Fernández**, amigo íntimo do pai de Borges e que teve grande influência sobre o escritor, 25 anos mais jovem. Para alguns críticos, a obra de Borges não seria a mesma se esse encontro e amizade não tivessem sido tão sólidos. O próprio Borges chegou a dizer que o havia imitado a ponto de um "plágio devotado e apaixonado", o que sugere uma marca profunda e indelével em sua obra.

Nascido em 1874, Macedonio foi uma das figuras centrais do modernismo argentino e influenciou toda uma geração de novos escritores. Entre seus principais livros estão *No toda es vigilia la de los ojos abiertos* e *Papeles de Recienvenido*, além de *Museu do Romance da Eterna*, publicado no Brasil pela extinta Cosac Naify.

Em seu *Ensaio autobiográfico*, publicado em 1970, Borges narra com maestria não só seus encontros, mas a própria figura do escritor: "Era um homem frágil e cinzento com o tipo de cabelo e bigode grisalhos que o faziam parecer com Mark Twain. A semelhança lhe agradava, mas quando era lembrado de que também se parecia com Paul Valéry, ele se ressentia, porque não tinha os franceses muito em boa conta. Sempre usava aquele chapéu-coco preto, e talvez até dormisse com ele".

Borges e Macedonio tinham o hábito

de se encontrar todos os sábados no **La Perla del Once**, um extinto bar no bairro de Balvanera, onde se entregavam a grandes discussões sobre literatura. A amizade entre os dois, embora tenha sido mais intensa durante a década de 1920, durou até a morte de Macedonio, em 1952.

Infelizmente o estabelecimento original teve as portas fechadas no final de 2017, dando lugar a uma rede de restaurantes chamada La Americana – La Reina de las Empanadas. Aos mais curiosos, minha a sugestão é buscar o que resta da atmosfera boêmia do bairro. Basta descer na Estación Plaza Miserere do metrô (Linha A), atravessar a praça de mesmo nome e caminhar alguns metros até o cruzamento da Avenida Rivadavia com a Jujuy. Lembre-se de que é possível aproveitar a viagem cortaziana pelos metrôs de Buenos Aires, do Itinerário 2 (página 61).

BERÇO DO ROCK

Na década de 1960, a La Perla del Once tornou-se o berço do rock argentino, local de sua gênese e de reuniões de jovens que entraram para a história da música portenha. "Aqui se criou o tema que, por sua transcendência popular, iniciou o que se chamou de rock nacional – La balsa, de Lito Nebbia e Ramses vii (Tanguito)", dizia uma placa em seu interior. Foi quando o ruído das guitarras invadiu o mundo e dois jovens compuseram uma canção no banheiro do estabelecimento, num pequeno pedaço de papel. Até os anos 2000, o local continuou sendo uma referência no estilo, com shows que aconteciam todos os finais de semana, até que deu lugar às empanadas.

ITINERÁRIO 05

MUSEO DEL LIBRO Y DE LA LENGUA

- GENERAL LAS HERAS, 2.555
- 54 11 4808-0090
- 10, 37, 41, 59, 60, 67, 93, 102, 108, 110, 130
- LAS HERAS (LINHA H)
- TER. A DOM., DAS 14H ÀS 19H; SEG., FECHADO
- GRÁTIS
- WWW.MUSEO.BN.GOV.AR

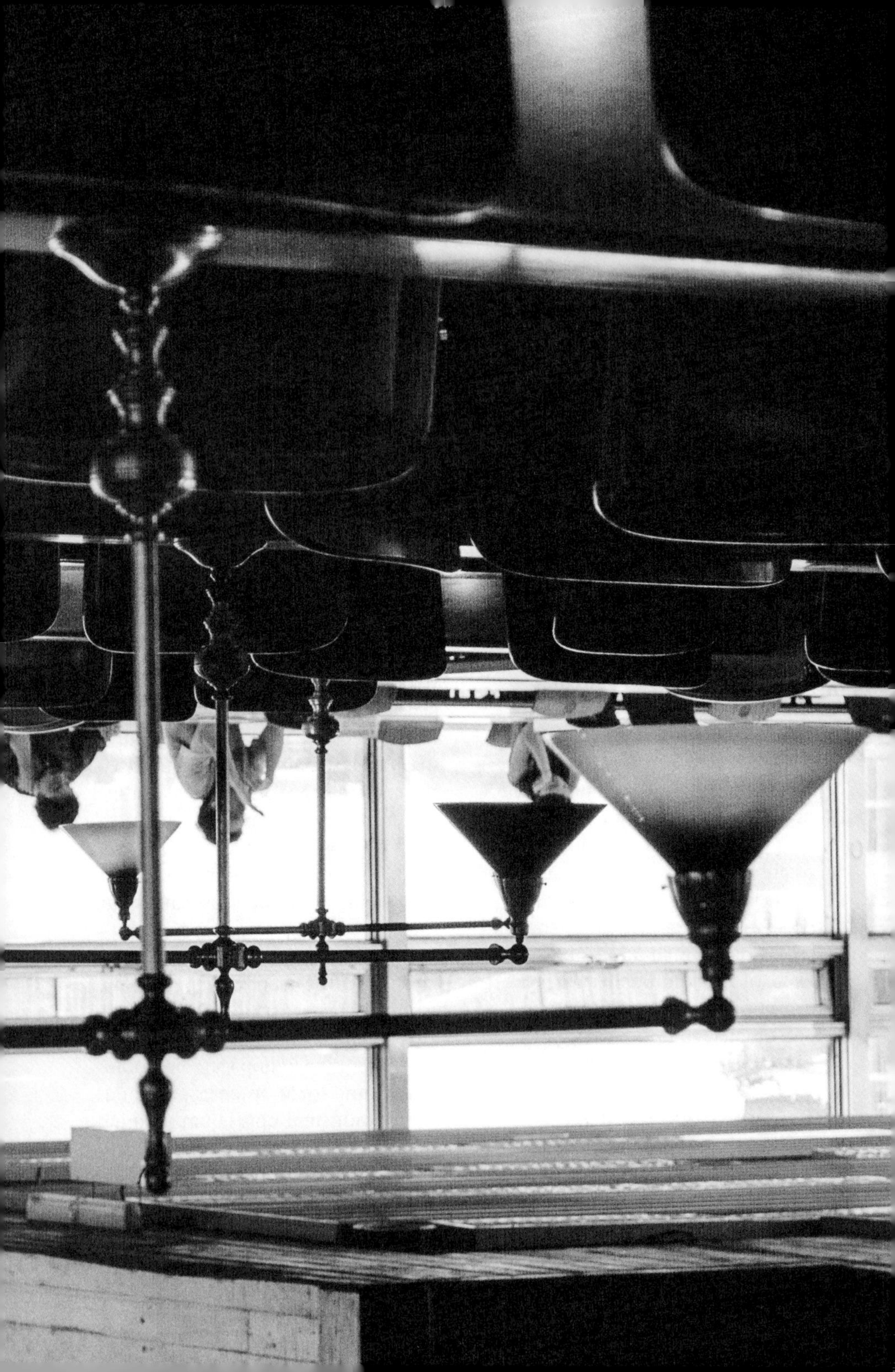

Sala de Leitura da Biblioteca Nacional de Buenos Aires. Lugar que preserva o mobiliário da antiga biblioteca da Calle México, onde trabalhou o escritor Jorge Luis Borges.

ITINE-
RÁRIO
06

O BAIRRO
DE BORGES

PALERMO

Palermo é o maior bairro da capital argentina. Com o tempo, tornou-se uma das regiões mais visitadas da cidade, principalmente por unir diversão (bons bares, restaurantes e vida noturna intensa), cultura (boas livrarias, museus e centros culturais) e natureza (a maior e mais popular área verde da cidade).

Sobre as origens do nome do bairro, há algumas versões. O livro *Buenos Aires tiene historia*, que serviu de base para a pesquisa histórica deste guia, apresenta algumas delas: a região teria pertencido a Juan Domínguez Palermo; em tempos coloniais uma mulher siciliana chamava o lugar de Palermo por lembrar sua terra natal, na Itália; ou, ainda, havia ali um pequeno santuário que abrigava a imagem de São Benedito de Palermo, santo negro de origem siciliana.

Para nós, Palermo é onde Borges passou parte da infância, período que povoa suas memórias mais íntimas, seus textos mais profundos. Não é à toa que a antiga Calle Serrano, citada no antológico poema "Fundação mítica de Buenos Aires", ganhou o nome do autor.

Nos mapas o bairro é dividido em várias microrregiões – Palermo Viejo, Palermo Chico, Palermo Soho, Palermo Hollywood, Cañitas e Barrio Norte. Cada uma tem características próprias, embora, em princípio, não haja necessidade de nos preocuparmos com essa divisão. No caso de alguém indagar em qual delas você pretende ir, a resposta pode ser: Palermo de Borges.

PALERMO
Ministro Carranza
Palermo
Plaza Italia
Scalabrini Ortíz
Av. del Libertador
Av. Luis María Campos
Av. Dorrego
Av. Cabildo
Av. Int. Bullrich
Sinclair
Av. Cerviño
Godoy Cruz
Fray Justo Sta. María de Oro
Av. Sarmiento
Rep. de la
Juan
Av. Gral
Av. Santa Fe
Soler
Dr. Emilio Ravignani
Arevalo
Nicaragua
Costa Rica
Bonpland
El Salvador
Honduras
Fitz Roy
Humboldt
Av. Juan B. Justo
José A. Cabrera
Charcas
Darregueyra
Uriarte
Jorge Luis Borges
Guatemala
Russel
Plazoleta
Julio Cortázar
Gorriti
Thames
Serrano
Gurruchaga
Armenia
Malabia
Av. Córdoba
Raúl Scalabrini Ortiz
Güemes
Paraguay
Vidt
Bulnes
Av. Medrano
Aráoz
Julián Álvarez
Lavalleja
Gascón
Francisco Acuña de Figueroa
Lavalle
Estado de Israel
1
2
5
6
7
8
9
10
11
12

ITINE-RÁRIO 06

1. PASEO DEL ROSEDAL
2. JARDÍN DE LOS POETAS
3. JARDÍN JAPONÉS
4. MUSEO DE ARTE POPULAR JOSÉ HERNÁNDEZ
5. CASA DE BORGES
   (CALLE JORGE LUIS BORGES, 2.135)
6. EL PREFERIDO
7. PLAZOLETA JULIO CORTÁZAR
8. LIBROS DEL PASAJE
9. ETERNA CADENCIA
10. PLAZA GÜEMES
11. BIBLIOTECA EVARISTO CARRIEGO
12. CAFÉ CORTÁZAR

Entre grandes avenidas, temos um dos lugares mais tranquilos e serenos de Buenos Aires. É fácil entender o que Borges procurava ali. Além da cultura japonesa e de seus jardins, a calma certamente fazia bem à alma do escritor.

"As imagens podem ser cordilheiras, pantanais com andaimes, escadas em caracol que desaparecem em porões, areais cujos grãos devo contar, mas qualquer dessas coisas é uma embocadura precisa do bairro de Palermo ou do Sul."

RGE LUIS BORGES, **ATLAS**

ITINERÁRIO 06

JARDIM DOS POETAS

Começaremos nosso passeio por Palermo no Parque 3 de Febrero, a maior e mais popular área verde da capital argentina. Tem sua origem ligada a Juan Manuel de Rosas, que adquiriu as terras da região para construir sua residência, por volta de 1830, quando era governador da província de Buenos Aires.

A partir da morte de Rosas, em 3 de fevereiro de 1852, a casa tornou-se sede de várias instituições, como a Escuela de Artes y Oficios, o Colegio Militar e a Escuela Naval, até que foi demolida em 1889. Em seu lugar foi construído o Monumento de los Españoles, marco importante da cidade, convergência de duas grandes avenidas, a del Libertador e a Sarmiento. Em 1874, já prevendo o crescimento vertiginoso da cidade, o presidente Domingo Faustino Sarmiento inaugurou o Parque 3 de Febrero, que teria sido inspirado nos parques urbanos europeus e no Central Park de Nova York, aberto em 1811 no centro da ilha de Manhattan. Hoje o parque oferece refúgio aos que buscam contato com o verde, e abrange várias praças, jardins, lagos e áreas para quem gosta de caminhar, andar de bicicleta, de patins ou simplesmente ler um livro sob a sombra das árvores.

Sugiro principiarmos pelo **PASEO DEL ROSEDAL** ❶, lugar encantador que exibe canteiros que somam mais de 18 mil roseiras de várias espécies, rodeados por caminhos de pedra que formam figuras geométricas, pérgulas de madeira, lagos com patos e jardins inspirados nos padrões parisienses. Uma maravilha, principalmente se visitado na primavera, de setembro a dezembro. Fica fechado às segundas-feiras.

Inaugurado em 1914, esse roseiral tem seu projeto assinado pelo engenheiro argentino Benito Carrasco, que trabalhava com Charles Thays, urbanista francês que deixou sua marca em muitos locais da cidade – entre eles o Jardín Botánico de Buenos Aires, que fica bem próximo.

Bom... mas e a literatura?

A literatura se apresenta para nós imortalizada pelo bronze, num dos recantos do Paseo del Rosedal conhecido como **JARDÍN DE LOS POETAS** ❷, onde estão dispostas 26 estátuas de escritores de várias partes do mundo. Entre eles o espanhol Federico García Lorca, o cubano José Martí, o inglês William Shakespeare, o italiano Dante Alighieri e os argentinos Enrique Larreta, Alfonsina Storni e, claro, Borges, ao lado de Lorca.

A iniciativa teve origem em 29 de outubro de 1924, na inauguração do Rosedal, ocasião em que se homenageou com um busto de bronze o poeta e jornalista argentino Olegario Víctor Andrade (1839-1882), autor de poemas épicos como "El nido de condores" e "Prometeo", publicados em 1881.

Depois dele chegaram outros artífices do texto, até que o Paseo del Rosedal foi ganhando aura literária e nome próprio: Jardim dos Poetas. E veja você: Olegario nasceu no Brasil, na cidade de Alegrete, Rio Grande do

Sul. Mudou-se para a Argentina ainda criança e faleceu em Buenos Aires em 30 de outubro de 1882.

Outra curiosidade do jardim é que ele tem outros três nomes oficiais: Rincón de los Poetas, Jardín de los Escritores e Jardín de los Artistas, este último porque atualmente não há somente escritores, mas também músicos e escultores.

Essa região do Parque 3 de Febrero ainda nos transporta para um dos livros mais importantes de **Adolfo Bioy Casares**, *O sonho dos heróis*, cujo desfecho se dá nas águas tranquilas de seus lagos.

O livro narra a história de Emilio Gauna, personagem que durante o carnaval de 1927 banca uma farra de três dias com os amigos e, três anos depois, repete os mesmos passos da fatídica patuscada com o intuito de lembrar algo importante que havia ocorrido.

Durante essas andanças, Gauna e seus companheiros circulam por uma Buenos Aires mítica e ao mesmo tempo concreta, descrevendo locais como um café com mesas de bilhar na Avenida de Mayo (provável referência ao 36 Billares), a Torre de los Ingleses e os parques de Palermo, incluindo o Rosedal, onde a trama se encerra. Aproveito para finalizar com uma frase que me encantou, desse mesmo livro: "— Não se desespere. O futuro é um mundo no qual há de tudo".

BORGES E OS TIGRES

Inaugurado em 1892, o jardín zoológico de Buenos Aires foi por mais de um século uma das grandes atrações da cidade. Está fechado desde 2016 e vai ser transformado (sem data prevista) em um ecoparque, sem animais. Visitei-o duas vezes, o suficiente para fixar na memória a grandiosidade de suas construções temáticas, sua diversidade de espécies, suas instalações muito bem projetadas e cuidadas. Embora hoje não seja muito fã de lugares com animais presos, lembro que fiquei impressionado.

Na segunda vez que estive ali, em 2015, já para a pesquisa deste guia, minha busca era por um jardim zoológico imaginário que fazia parte da memória e da literatura de Jorge Luis Borges, um assíduo frequentador do lugar.

É o que comprovam biógrafos do escritor, como James Woodall, autor de *O homem no espelho do livro*, que destaca a paixão do menino pelo zoológico de Palermo e, em especial, pelos tigres: "Aferrado a eles, enfeitiçado, nessas idas ao zoo com sua irmã e a mãe recusava-se a ir embora.

PARQUE 3 DE FEBRERO

- INFANTA ISABEL, 410
- 54 11 5152-1244
- 10, 34, 37, 57, 67, 130, 160
- PALERMO (LINHA D)
- ABERTO 24 HORAS
- GRÁTIS
- WWW.BUENOSAIRES.GOB.AR/PARQUETRESDEFEBRERO

Leonor (sua mãe) lembrava-se de que ele às vezes tornava-se alarmantemente agressivo quando lhe diziam que já era hora de voltar pra casa. Se teimasse, Leonor lhe confiscaria os livros: o castigo perfeito para um bibliófilo florescente".

O resultado é que esses animais tão presentes em suas reminiscências entraram para as páginas dos livros, numa obsessão que para muitos é também um dos maiores enigmas da literatura. "Alguém perguntará, muito justificadamente, por que os tigres, e não os leopardos ou jaguares? Só posso responder que as manchas me desagradam, mas não as listras", disse Borges certa vez, numa das muitas entrevistas que concedeu.

No livro *O fazedor* ele esclarece: "Eu costumava demorar-me infindavelmente diante de uma das jaulas do zoológico; apreciava as vastas enciclopédias e os livros de história natural pelo esplendor de seus tigres".

No texto "Meu último tigre", do livro *Atlas*, complementa: "Na minha vida sempre houve tigres. A leitura está tão entremeada com os outros hábitos de meus dias que na verdade não sei se meu primeiro tigre foi o tigre de uma gravura ou aquele, já morto, cujo obstinado

ir e vir pela jaula acompanhava fascinado do outro lado das barras de ferro".

Nesse mesmo livro há uma foto belíssima do escritor ao lado de um tigre, totalmente hipnotizado pela fera, em êxtase, domado pelo animal.

Esta imagem foi feita na primeira vez que estive no zoológico de Buenos Aires, em 2007. Lembro que fiquei impressionado com o olhar desse orangotango, que parecia personificar toda a angústia humana da perda da liberdade.

ZOOLÓGICO HUMANIZADO

Como já comentei, em 2015 estive pela última vez no jardim zoológico de Buenos Aires. Encontrei um lugar em total estágio de decadência, abandonado como um animal prestes a morrer. Na ocasião, visitá-lo me fez recordar imediatamente um texto da jornalista Eliane Brum, intitulado "O cativeiro", presente em *A vida que ninguém vê*, lançado em 2006, no qual nos convida a um passeio pelo zoológico de uma pequena cidade do interior do Paraná.

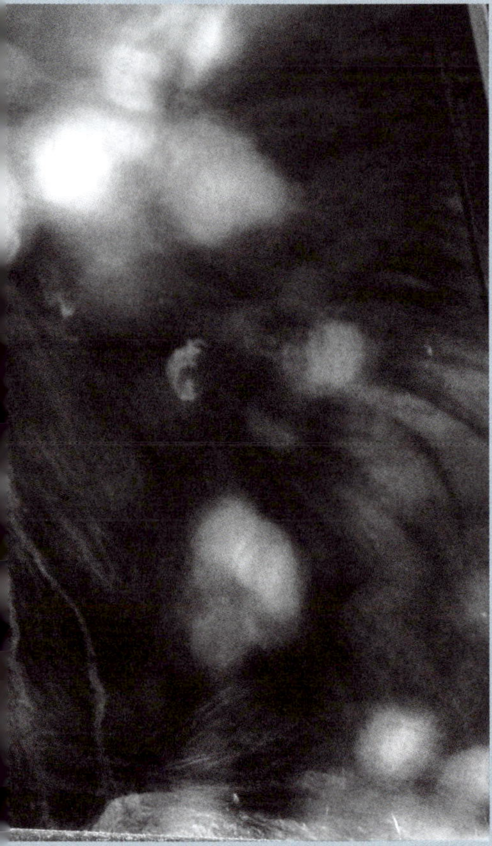

Descrevendo as condições de cada animal (a elefanta, o macaco, os tigres), Brum deixa claro que os zoológicos servem para que o homem tenha a chance de certificar-se de sua liberdade e da superioridade de sua espécie.

"Os tigres-de-bengala são reis de fantasia. Têm voz, possuem músculos, são magníficos. Mas nascidos em cativeiro, já chegaram ao mundo sem essência. São um desejo que nunca se tornará. Adivinham as selvas úmidas da Ásia, mas nem sequer reconhecem as estrelas", descreve a jornalista, que, num texto forte, nos mostra também o quanto os animais se humanizam quando estão cativos, e como vivemos nossas vidas como se estivéssemos em jaulas.

Recomendo a leitura.

SE ORIENTE, RAPAZ

É possível ir ao Japão, mesmo estando em Buenos Aires. Aliás, isso era um pouco o que Borges fazia em suas visitas ao JARDÍN JAPONÉS ❸, um local repleto de símbolos da cultural oriental, ornamentado por uma surpreendente obra paisagística.

Foi inaugurado em 1967, quando o escritor já se encontrava cego e fazia questão de que sua esposa, María Kodama, o levasse para relaxar em meio aos sons de pequenas cascatas, ao barulho do vento nas árvores e à tranquilidade e frescor de lagos cheios de carpas.

"Tenho a esperança de que o Oriente nos salve, porque o Ocidente está declinando", disse certa vez.

Na companhia de Kodama, Borges visitou três vezes o Japão, cuja cultura influenciou boa parte de sua obra, algumas vezes de forma difusa, outras de maneira direta, como é o caso dos dezessete haicais (pequenos poemas japoneses) presentes em seu livro *A cifra*, lançado em 1981. Esse tipo de poema, formado por tercetos de 5-7-5 sílabas, popularizou-se no mundo todo. No Brasil, escritores como Guilherme de Almeida e Paulo Leminski são sempre lembrados como representantes do gênero.

Abro parêntesis: nesse mesmo livro Borges dá várias referências de lugares na capital argentina, com citações de ruas como a Paraguay e a Córdoba e um poema intitulado "Buenos Aires", que projeta uma cidade bem poética. Fecho parêntesis.

A influência oriental (não só japonesa) também está clara em *O ouro dos tigres*, no qual o escritor utiliza mais de um tipo de métrica japonesa e discorre sobre aspectos milenares dessa cultura, sem dar a eles um matiz exótico, mas internalizando-os.

Quanto aos haicais, não posso deixar o leitor na curiosidade. Selecionei alguns, traduzidos e analisados em um artigo escrito por Gustavo Felicíssimo (poeta, pesquisador e ensaísta) para o **Portal Cronópios** (www.cronopios. com.br). Aliás, fica aqui a dica de um site dedicado à literatura que você não pode deixar de conhecer, até porque o próprio nome é uma homenagem aos cronópios, personagens fantásticos criados por Julio Cortázar no livro *Histórias de cronópios e de famas*. O portal foi criado em 2005 pelo saudoso poeta e agitador cultural Pipol (José Waldery Manigieri Pires), que conheci nos meus tempos da faculdade, em Bauru, interior de São Paulo, onde ele residia. Faleceu jovem, em 2015. Deixou muita poesia.

Lejos un trino.
El ruiseñor no sabe
que te consuela.

Trinado ao longe.
O rouxinol não sabe
que te consola.

Hoy no me alegran
los almendros del huerto.
Son tu recuerdo.

Hoje não me alegram
as amendoeiras do horto.
Lembram você.

ITINERÁRIO 06

BORGES

Estátua de Jorge Luis Borges no Jardín
de los Poetas. Companheira quase
perfeita para a leitura de um livro no
Parque 3 de Febrero.

O LIVRO DOS JARDINS IMAGINÁRIOS

O título acima é uma referência à obra de Borges e um artifício para chamar sua atenção para algumas informações pouco literárias (mas muito simbólicas) sobre o Jardín Japonés.

Construído pela embaixada do Japão na Argentina, é o maior jardim japonês fora do país de origem. Foi desenhado pelo arquiteto Yasuo Inomata e está repleto de símbolos da cultura oriental. As pontes, por exemplo, representam a passagem de um mundo ao outro, de maneiras distintas de acordo com seu formato – a ponte em ziguezague representa as decisões que devemos tomar no decorrer de nossa vida; a ponte curva, que liga a margem a uma ilha no centro do lago, representa a transição entre o humano e o divino. Já a ilha ao centro do lago é chamada de "ilha dos deuses" (shinzen-shima) e possui um pequeno pagode, um templo em forma de torre, de treze andares, número considerado de bom agouro na cultura nipônica.

Algumas carpas, peixes em abundância nos lagos do jardim, são conhecidas como kois e simbolizam força e valor. Conta uma lenda que no rio Amarelo havia uma porta, e que somente os peixes que lograssem nadar contra a correnteza e atravessar essa passagem se converteriam em dragões. Vários peixes tentaram, mas só o koi teve êxito, passando a ser símbolo de fortaleza. São longevos – chegam a viver até 90 anos. Alguns dos que nadam hoje por ali devem ter conhecido Borges.

Para finalizar, cito também *O livro dos seres imaginários*, no qual Borges abusa de sua paixão por enciclopédias e discorre sobre fadas, entidades exóticas e figuras lendárias numa grande viagem pelo imaginário e pela psique. Entre tais seres está o *Jinshin-uwo*, ou peixe dos terremotos, "uma enguia de setecentas milhas de comprimento que carrega o Japão nas costas", como descreve o escritor, sugerindo que o ente sobrenatural seria o responsável pelos tremores de terra do arquipélago asiático.

Se resolver lê-lo (caso ainda não tenha lido), considere um alerta do próprio Borges em seu prólogo: "*O livro dos seres imaginários* não foi escrito para uma leitura consecutiva. Gostaríamos que os curiosos o frequentassem como quem brinca com as formas cambiantes reveladas por um caleidoscópio".

Que assim seja.

JARDÍN JAPONÉS

- CASARES, 2.966
- 54 11 4804-4922
- 37, 57, 67, 102, 130
- TODOS OS DIAS, DAS 10H ÀS 18H
- PAGO
- WWW.JARDINJAPONES.ORG.AR

MUSEO DE ARTE POPULAR JOSÉ HERNÁNDEZ

- AV. DEL LIBERTADOR, 2.373
- 54 11 4803-2384
- 41, 57, 59, 67, 102, 128, 130
- TER. A SEX., DAS 13H ÀS 19H; SÁB. E DOM., DAS 10H ÀS 20H; SEG., FECHADO
- PAGO
- WWW.BUENOSAIRES.GOB.AR/MUSEOS

NÃO O CRIADOR, A CRIATURA

O **MUSEO DE ARTE POPULAR JOSÉ HERNÁNDEZ** ④, que leva o nome do eminente autor de *Martín Fierro*, dedica-se essencialmente ao universo do gaúcho, seu personagem. Trata-se de um espaço voltado à forma de viver do homem dos pampas, incluindo um pouco de arte indígena, e de produções de artistas contemporâneos que dialogam com tais referências.

Estão expostos apetrechos usados no trabalho com a terra, vestimentas, utensílios cotidianos e armas, com bons exemplos de peças de meados do século XIX, a maioria feita de prata (*argentum*, na tabela periódica), material tão abundante na região que deu nome ao país. Torna-se uma oportunidade de conhecer obras de artesãos locais, como a ceramista María Isabel Fotheringham de Castellano, reconhecida por seu talento e presente em outros importantes museus da cidade.

Embora exiba um acervo pequeno e instalações modestas, pode ser interessante caso você tenha mais tempo na cidade e queira se aprofundar na cultura (popular) argentina. Se for esse o caso, dedique um tempo ao jardim da casa, onde está instalado um agradável ponto de descanso, entre uma atração e outra pelo bairro de Palermo.

ITINERÁRIO 06

Esta imagem foi feita na simpática
livraria Libros del Pasaje. Algo nela me
atrai, talvez sua aparência de natureza
morta, com pinceladas grossas de um
expressionista. Não sei. Mas eu gosto.
E confio na sua sensibilidade.

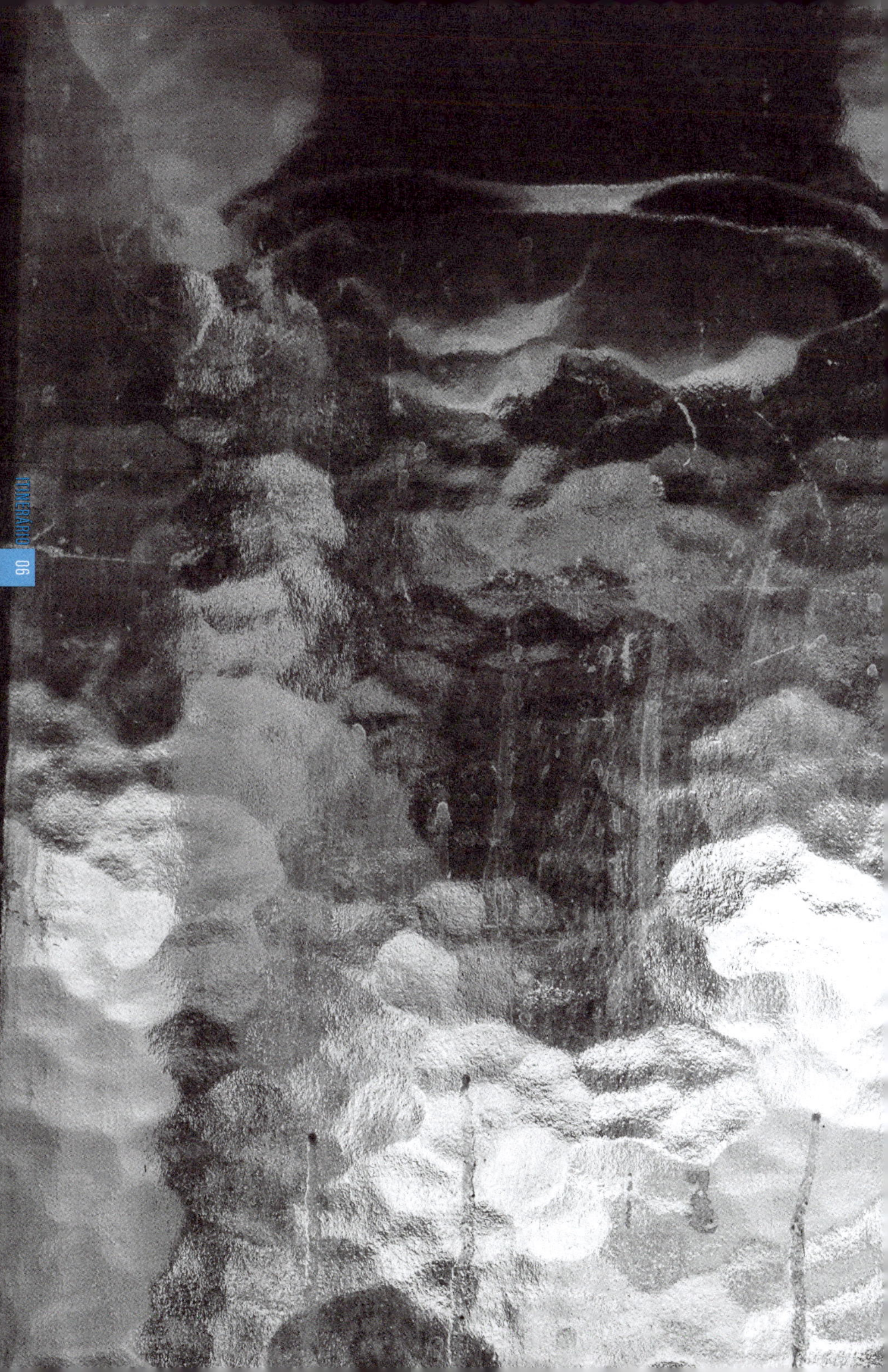

A INFÂNCIA DE GEORGIE

CALLE SERRANO, 2.135 ⑤. Georgie, como era chamado Borges na infância, reside nesse endereço do bairro de Palermo dos 2 aos 15 anos, até 1914. É quando a família resolve percorrer a Europa (Londres e Paris) em busca de um tratamento oftalmológico para seu pai, Jorge Guillermo Borges, acometido da mesma cegueira que iria vitimá-lo anos depois.

A intenção era retornar a Buenos Aires em um ano, mas, com o romper da Primeira Guerra Mundial, a família se vê obrigada a permanecer em Genebra, na Suíça, por mais tempo, até 1921.

Foi na Calle Serrano, rua que hoje leva seu nome, que o escritor fez suas primeiras incursões literárias, principalmente na biblioteca do pai, como ele mesmo atesta: "Se tivesse que assinalar o fato importante da minha vida, diria a biblioteca de meu pai. Na realidade, creio não ter saído nunca dessa biblioteca".

O fato é que Georgie era um jovem bastante tímido, que fazia questão de passar seu tempo em casa, lendo, com exceção dos dias em que visitava o jardim zoológico, a poucas quadras dali, como já comentei.

Outro fato marcante desse período é que Georgie conviveu com um grande amigo de seu pai, o poeta Evaristo Carriego (1883-1912), que influenciou seu início de carreira e sobre quem publicaria, em 1930, uma biografia.

Em *Evaristo Carriego* Borges vai muito além de narrar a vida do ilustre conhecido e dedica-se a destrinchar uma Palermo ao mesmo tempo real e alegórica, destacando as raízes do subúrbio portenho do início do século XX, entre bordéis, cortiços e brigas de faca. Borges descreve esse contexto em seu *Ensaio autobiográfico,* pontuando locais e cenários: "Nessa época Palermo – o Palermo onde vivíamos, entre Serrano e Guatemala – era a sórdida periferia norte da cidade, e muita gente, para quem era uma vergonha reconhecer que vivia ali, dizia de modo ambíguo que vivia pelo Norte. Nossa casa era uma das poucas edificações de dois andares que existia na rua; o resto do bairro estava formado por casas baixas e terrenos baldios".

Em 1921 Borges e sua família voltam a Buenos Aires e passam a residir em vários locais da cidade. Primeiro, temporariamente, ficam hospedados num hotel chamado Du Helder, perto do Congresso Nacional, onde moram por cerca de um mês. A casa da Calle Serrano estava alugada e tiveram que improvisar. Ainda naquele ano, mudam-se para a Calle Bulnes, número 2.216, no mesmo bairro, onde permanecem até a segunda partida para a Europa, em julho de 1923.

É quando Borges, aos 22 anos, lança seu primeiro livro de poesias, *Fervor de Buenos Aires*, que, como o próprio nome sugere, tem a capital portenha como tema central. Cenas cotidianas, personagens das ruas, locais do centro e da periferia são descritos em versos. É desse livro uma frase do escritor que se tornou famosa, estrofe do poema "Arrabalde":

Esta cidade que acreditei ser meu passado
é meu porvir, meu presente;
os anos que vivi na Europa são ilusórios,
eu estava sempre (e estarei) em Buenos Aires.

O PREFERIDO DA FAMÍLIA

Para quem está em frente à casa dos Borges, não é preciso nem um passo para avistar o restaurante **EL PREFERIDO** ❻, bem na esquina da Calle Jorge Luis Borges com a Guatemala. Esse local, que preserva a arquitetura do início do século xx, é considerado um dos armazéns mais antigos de Buenos Aires, acumulando o fato de ser um dos bares notáveis e, certamente, de ter sido frequentado por toda a família de Georgie.

Fundado em 1885, oferece opções da culinária portenha e ainda exibe as prateleiras cheias de produtos – garrafas de vinho, potes de conserva e outros acepipes que valorizam a atmosfera original de um *bodegón*, restaurante tradicional argentino que serve pratos clássicos, como o arroz com almôndegas ou a milanesa com fritas. Embora o estabelecimento não figure nominalmente na obra borgeana, considerando a proximidade com a casa, certamente fez parte das memórias e sensações da infância do escritor. Por sua vez, a relação do armazém com sua obra está explícita em frases espalhadas pela fachada,

um tanto difíceis de ler, mas que nos levam a descobrir (ou lembrar) algumas pérolas deixadas pelo morador mais ilustre da vizinhança.

Quem segue pela Calle Jorge Luis Borges vai deparar com a simpática **PLAZOLETA JULIO CORTÁZAR** ❼, homenagem ao nosso outro fiel companheiro de viagem. É cercada de lojas badaladas e barzinhos da moda – um deles chama-se **Macondo Bar**, em alusão à cidade retratada no livro *Cem anos de solidão*, do colombiano Gabriel García Márquez. No mínimo, um gracioso acaso.

A pequena praça também pode ser ponto de partida para visitarmos duas livrarias bem especiais de Palermo, a Libros del Pasaje e a Eterna Cadencia. Ambas primam pelo atendimento competente e ambientes agradáveis não só para ler, mas para tomar um café, comer algo, conversar. A **LIBROS DEL PASAJE** ❽ serve refeições e tem deliciosas opções para vegetarianos. Nas estantes, prioriza a literatura argentina, artes e humanidades, e recebe esse nome porque está bem defronte a *un pasaje*, que é como os argentinos chamam as ruelas.

A **ETERNA CADENCIA** ❾ fica na Calle Honduras, 5.574, a um quilômetro dali, e é outro exemplo de livraria e editora que mantém a tradição de livreiros apaixonados pela arte editorial. Realiza com frequência encontros literários e lançamentos de livros e possui um ambiente externo que é perfeito para conversar, ler, deixar o tempo passar.

É especializada em ficções, autores jovens e editoras independentes. Arrisco dizer que foi uma das livrarias em que mais encontrei livros interessantes, tanto da literatura argentina quanto alguns grandes clássicos brasileiros, como *Grande sertão: veredas*, de João Guimarães Rosa, vários livros de Clarice Lispector, Carlos Drummond de Andrade, entre outros.

Acrescento que essas duas livrarias foram sugeridas pelo escritor Julián Fuks, que não conheço pessoalmente, mas que foi muito gentil ao me dar informações preciosas sobre Buenos Aires e seus escritores. Filho de pais argentinos, ele é autor de *A resistência*, livro que ganhou o Prêmio Jabuti de Melhor Romance em 2016. Meus agradecimentos.

PALERMO PERIFÉRICO

Se você gosta de caminhar, uma boa pedida é seguir pela Calle Guatemala até a **PLAZA GÜEMES** ⑩, local de Palermo que também teve importância para o jovem Borges e nos leva aos cenários *de arrabal*, da periferia do início do século xx, das milongas e duelos que ele descreve em alguns de seus livros. Tal ambiente é apresentado com maestria no conto "O homem da esquina rosada", que traz um duelo entre dois valentões, Francisco Real e Rosendo Juárez. Foi publicado originalmente no suplemento literário do diário *Crítica*, em 1933, e reunido posteriormente no livro *História universal da infâmia*, de 1935, acrescido depois de algumas alterações do autor, em 1954.

Conta-se que Borges costumava jogar truco nessa praça com o senhor que inspirou o personagem Francisco Real. Não sei até que ponto é verdade, mas adorei o exercício de olhar os idosos que ocupam os bancos da praça e ficar imaginando se algum deles seria um personagem borgeano.

É o escritor quem dá os caminhos: "Aos senhores, claro que falta a devida experiência para reconhecer esse nome, Rosendo Juárez, o Pegador, era dos que cantavam mais

LIBROS DEL PASAJE
- THAMES, 1.762
- 54 11 4833-6637
- 34, 39, 55, 111
- SEG. A SÁB., DAS 10H ÀS 21H; DOM. E FERIADOS, DAS 14H ÀS 21H
- GRÁTIS
- WWW.LIBROSDELPASAJE.COM.AR

EL PREFERIDO
- JORGE LUIS BORGES, 2.108
- 54 11 4774-6585
- 36, 39, 55, 111,
- SEG. A SÁB., DAS 12H À 0H; DOM., FECHADO
- GRÁTIS
- WWW.ELPREFERIDODEPALERMO.COM

ETERNA CADENCIA
- HONDURAS, 5.574
- 54 11 4774-4100
- 39, 93, 108, 111
- SEG. A SEX., DAS 9H30 ÀS 21H; SÁB., DAS 11H30 ÀS 20H; DOM., FECHADO
- GRÁTIS
- WWW.ETERNACADENDIA.COM.AR

grosso lá na Villa Santa Rita. Moço tido e havido por bamba com a faca, [...] homens e cachorros o respeitavam e as chinas também; ninguém ignorava que devia duas mortes; usava um chapelão alto, de aba fininha, sobre a cabeleira gordurosa; a sorte o mimava, como quem diz. Nós, os moços da Villa, o copiávamos até no jeito de cuspir", descreve logo nos primeiros parágrafos do conto.

Para não deixar passar, vale lembrar que a atmosfera das ruas de Palermo que estamos percorrendo também está bem representada no poema "Fundação mítica de Buenos Aires", do livro *Caderno San Martín*, como podemos notar em algumas estrofes selecionadas:

Um quarteirão inteiro na metade do campo
presenciado de auroras, chuvas e sudestadas.
O quarteirão parelho que persiste no meu bairro:
Guatemala, Serrano, Paraguai, Gurruchaga.

Um armazém rosado como reverso de baralho
cintilou e nos fundos combinaram um

truco;
esse armazém rosado floresceu num compadre,
logo dona da esquina, já melindrado e duro.

Mais adiante, Borges finaliza seu poema numa declaração ímpar de amor por Buenos Aires:

Por mim não posso crer que começou Buenos Aires:
Tenho-a por tão eterna como o ar e a água.

A relação de Borges com Evaristo Carriego pode nos levar também ao número 3.784 da Calle Honduras, a setecentos metros da Plaza Güemes, na casa onde viveu esse poeta pouco conhecido no Brasil, mas que merece destaque por ter inspirado parte da trajetória borgeana. Em 1981, a propriedade foi comprada da família de Carriego pela prefeitura de Buenos Aires e passou a abrigar a **BIBLIOTECA EVARISTO CARRIEGO** ⑪ ou Casa de Carriego, ou ainda Biblioteca Casa de la Poesia, pois seu acervo era especializado em poesia e literatura. Em 2013, o Ministério da Cultura argentino iniciou um processo de ampliação e restauração do imóvel que o manteve fechado por anos. Quando estive em Buenos Aires para realizar este guia, a casa estava em reforma, o que me impede de contar como é o seu interior. Espero que você tenha mais sorte. Em compensação, passei momentos deliciosos no **CAFÉ CORTÁZAR** ⑫, a pouco mais de trezentos metros dali. Inaugurado em 2015, é um espaço gastronômico totalmente dedicado ao

CAFÉ CORTÁZAR

- JOSÉ ANTONIO CABRERA, 3.797
- 54 11 4863-2120
- 36, 106, 109, 140, 151, 160
- DOM. A QUI., DAS 8H ÀS 2H;
  SEX. E SÁB., DAS 8H ÀS 3H
- GRÁTIS
- WWW.CAFECORTAZAR.COM.AR

escritor, com poemas, ilustrações, quadros e objetos (luvas de boxe, máquina de escrever) que remetem à sua vida e obra. Há também uma biblioteca com livros do autor e sobre ele. O café está instalado num prédio de 1889, envolto numa atmosfera propícia para deixar fluir a imaginação. À noite, costuma receber shows de jazz, ritmo que Cortázar apreciava apaixonadamente – já falamos sobre isso. Alguns pratos também são inspirados nas obras de Cortázar, como a Salada Maga, em homenagem à personagem de *O jogo da amarelinha*. Para tornar a visita ainda mais instigante (quase um convite), destaco uma passagem do livro *Histórias de cronópios e de famas* que nos leva ao realismo fantástico através do universo dos bares e cafés portenhos: "Que ocupação maravilhosa é entrar num café e pedir açúcar, açúcar outra vez, três ou quatro vezes açúcar, e ir formando um monte no meio da mesa, enquanto cresce a fúria nos balcões e debaixo dos aventais brancos, e exatamente no meio do monte de açúcar cuspir suavemente e espiar a descida da pequena geleira de saliva, escutar o barulho de pedras quebradas que o acompanha e que nasce nas gargantas contraídas de cinco fregueses e do patrão, homem honesto em certas horas".

Um dos charmes do Paseo del Rosedal são suas pérgulas. Convertem-se em túneis que nos levam diretamente para a literatura, para os contos de Borges, para os romances de Adolfo Bioy Casares.

ΓΓΚΕΔΑΘΙΟ 06

Librería Eterna Cadencia. Indicada pelo escritor Julián Fuks, aprovadíssima por mim e à espera de você.

ITINERARIO 06

ITINE-
RÁRIO
07

TERRITÓ-
RIO DE
CORTÁZAR

AGRONOMÍA

Este capítulo é dedicado exclusivamente ao nosso companheiro de viagem Julio Cortázar. Nos leva a lugares distantes do centro e das regiões mais turísticas da cidade, com destaque para o bairro em que o escritor viveu parte de sua infância, Agronomía, e ajuda a desvendar alguns pontos de sua obra, principalmente livros como *La otra orilla*, *Os reis* e *Bestiário*, lançados no período em que viveu ali com sua família.

Também seguiremos pelo caminho do ônibus 168, linha cujo trajeto serve de fio condutor para um dos contos mais conhecidos de Cortázar, "Ônibus", do livro *Bestiário*.

Inicia-se numa parada de coletivos (*el cole*, como dizem muitos portenhos) bem próxima à antiga casa do escritor, e de lá seus personagens seguem até o bairro do Retiro, passando pelo Cementerio de La Chacarita, o maior de Buenos Aires, entre outros locais importantes. A linha já não existe tal como na época, mas é possível refazer a rota descrita pelo escritor, reconhecer locais, buscar personagens e observar a literatura, pode-se dizer, em movimento.

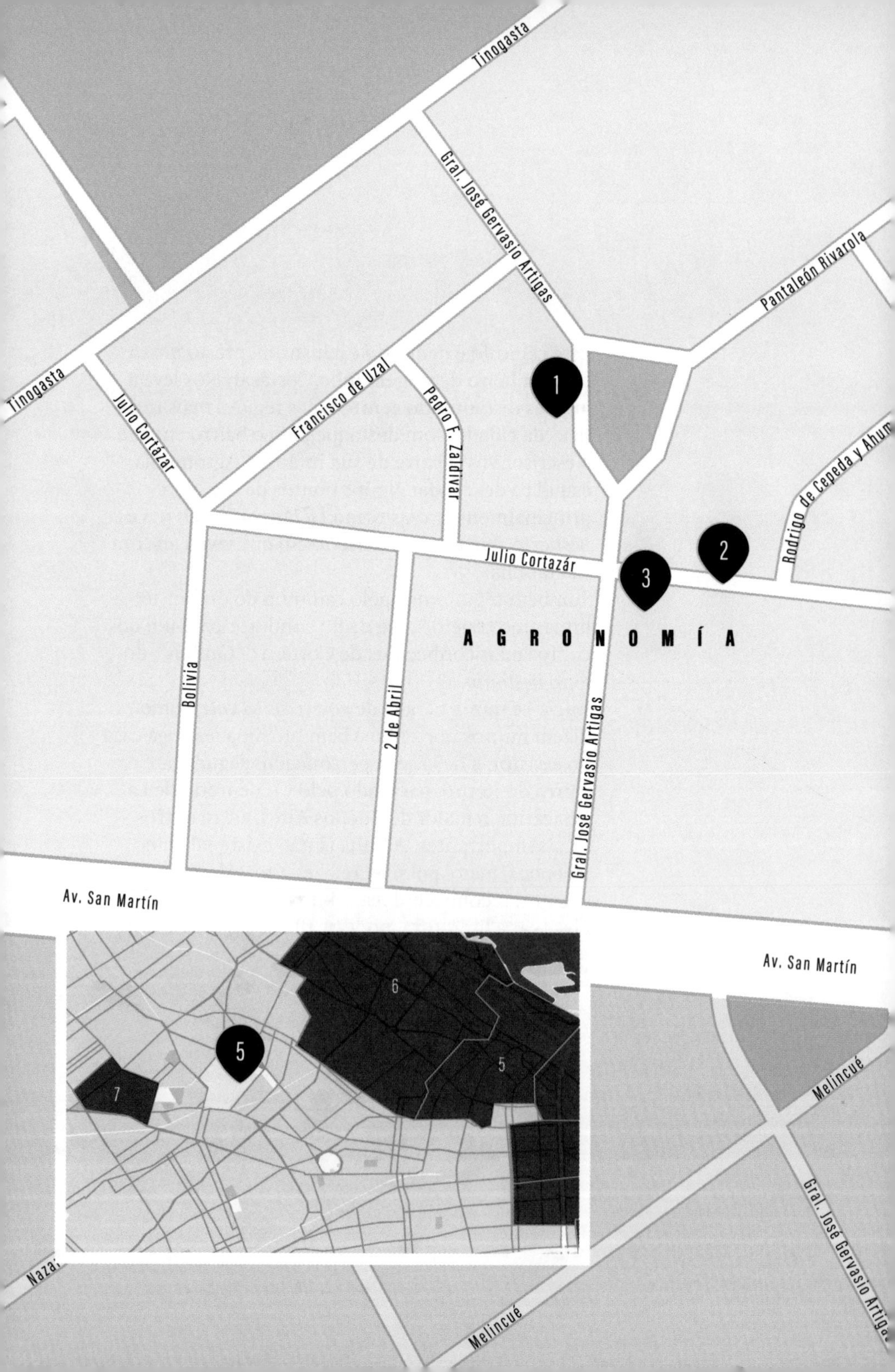

Tinogasta

Gral. José Gervasio Artigas

Pantaleón Rivarola

Tinogasta

Francisco de Uzal

Pedro F. Zaldívar

1

Rodrigo de Cepeda y Ahum

Julio Cortázar

Julio Cortázar

2

3

A G R O N O M Í A

Bolivia

2 de Abril

Gral. José Gervasio Artigas

Av. San Martín

Av. San Martín

6

5

7

Melincué

Gral. José Gervasio Artiga

Naza

Melincué

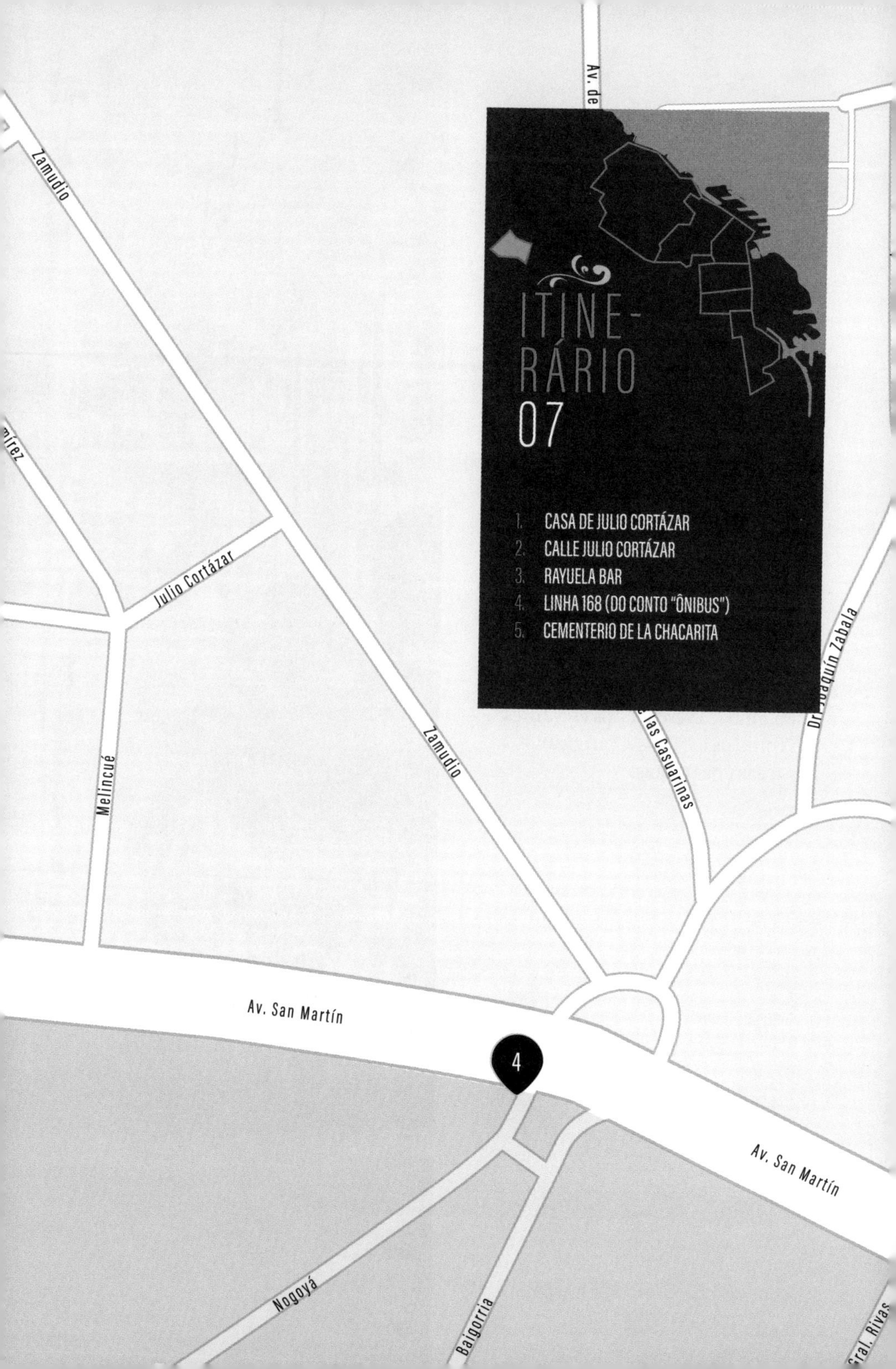

ITINE-RÁRIO 07

1. CASA DE JULIO CORTÁZAR
2. CALLE JULIO CORTÁZAR
3. RAYUELA BAR
4. LINHA 168 (DO CONTO "ÔNIBUS")
5. CEMENTERIO DE LA CHACARITA

"Para mim, os verdadeiros escritores são como os caracóis – carregamos a nossa casa nas costas."

JULIO CO

CONVERSAS COM CORTÁZAR

Ônibus que nos leva ao bairro de Agronomia, bem próximo à casa de Cortázar. Pode nos transportar a outra realidade, a lugares da ficção, a um conto, a um livro...

RTÁZAR,

O BAIRRO DE JULIO DENIS

Como adiantei, a vida de Julio Cortázar nos leva a lugares mais afastados do centro da cidade, precisamente a um conjunto de casas e edifícios construídos no início do século xx, para trabalhadores de baixa renda, conhecido como bairro Rawson. Fica oficialmente no bairro de Agronomía, que tem esse nome por sua proximidade com a Facultad de Agronomía Universidad de Buenos Aires. Facilmente você vai reconhecê-la.

Ali, em frente à pacata Plaza Carlos de La Púa, no número 3.246 da Calle General José Gervasio Artigas (conhecida apenas como Calle Artigas), está o **EDIFÍCIO DE QUATRO ANDARES** ➊ onde Julio Cortázar viveu parte de sua vida, entre 1931 e 1951, com exceção de alguns períodos em que trabalhou como professor em cidades do interior, como San Carlos de Bolívar, Chivilcoy e Mendoza.

O apartamento do terceiro andar não está aberto à visitação, mas uma placa colocada na fachada do prédio no ano de 2000 pela prefeitura de Buenos Aires indica de forma concisa o quanto o local foi marcante para o escritor: "O clima do bairro Rawson e Agronomía está presente em vários de seus contos".

Em 1938, sete anos depois de mudar-se para esse endereço, Cortázar lançaria seu primeiro livro de poemas, *Presencia*, com o pseudônimo de Julio Denis. Até o ano de 1951, quando parte para a Europa, lançaria *La otra orilla*

(1945), *Os reis* (1949) e *Bestiário* (1951), que o projeta internacionalmente.

Lembro que quando estive ali pela primeira vez, em busca de mais referências literárias, aproveitei para observar com mais atenção a praça, os meninos que conversavam sentados na grama, a fachada, e me aproximar da porta de vidro que leva ao hall do edifício. Ao fundo, vi uma escada, discreta, mas que compõe uma cena que me transportou imediatamente para o texto "Instruções para subir uma escada", do livro *Histórias de cronópios e de famas*. É uma de minhas referências literárias mais elementares, dessas que me tornaram um leitor apaixonado, viciado.

Nesse texto, Cortázar nos envolve com a simples (e muito irônica) explicação de como se deve subir uma escada. Em certo momento diz: "Colocando no primeiro degrau essa parte, que para simplificar chamaremos pé, recolhe-se a parte correspondente do lado esquerdo (também chamada pé, mas que não se deve confundir com o pé já mencionado), e levando-a à altura do pé faz-se que ela continue até colocá-la no segundo degrau, com o que neste descansará o pé, e no primeiro descansará o pé".

As palavras transformam um ato extremamente cotidiano em um momento ímpar, universal e particular, poético, de muita graça.

Desde o dia em que o li pela primeira vez, subir uma escada nunca mais foi a mesma coisa, e vê-las quase sempre me transporta para o texto de Cortázar. Não poderia ser diferente defronte à escada da casa onde ele viveu por tanto tempo.

Para os aficionados recomendo uma caminhada pelo bairro e uma passada pela **CALLE JULIO CORTÁZAR** ②, antiga Calle Espinosa, que cruza a Calle Artigas um pouco antes da praça.

Depois de residir em Agronomía, Cortázar parte para um autoexílio na França, onde permanece de 1951 a 1984, quando falece, em 12 de fevereiro. Na Europa, seguiria sua vasta produção, com livros que mudaram a literatura latino-americana, entre eles *Histórias de cronópios e de famas*, *O jogo da amarelinha*, *Todos os fogos o fogo*, *Octaedro* e *Deshoras*, de 1982, seu último livro de contos.

Tanta literatura exige uma pausa para recuperar as energias. Sugiro o **RAYUELA BAR** ③, que provavelmente você localizou logo que chegamos ao bairro Rawson. Fica no número 3.199, Calle Artigas, esquina com a Julio Cortázar. É um local simpático, com flores na janela e nas mesas, cardápio com ótimas opções e boa música ambiente. Quando estive lá, por coincidência ou não, tocava um delicado jazz.

O Rayuela tem o privilégio de estar ao lado do edifício onde viveu Cortázar e em meio à tranquilidade de quem está longe do centro e da badalação turística. Tornou-se mais conhecido

em 2017, quando foi cenário do documentário *Un sueño en París*, dirigido pelo argentino Sergio "Cucho" Costantino, que entrevistou Tomás Barna, um vizinho e amigo de infância de Cortázar. Confesso que há muitas histórias por trás dessa entrevista, mas fica a seu critério descobri-las. O Rayuela Bar é o lugar perfeito para isso.

LINHA CORTÁZAR

Agora imagine pegar um ônibus que nos levará a lugares reais que compõem a literatura de um dos maiores representantes do realismo fantástico. Sendo mais específico, ao conto "Ônibus", publicado originalmente em 1951 e tido por muitos como marco dessa escola literária.

Nesse conto Cortázar narra a viagem da jovem Clara, que toma um ônibus da **LINHA 168** ④, no entroncamento entre a Avenida San Martín e a Nogoyá, no bairro vizinho de Villa del Parque, bem perto de onde saltamos para visitar a casa do escritor. "Clara desceu pisando audivelmente, saboreando um sol de novembro cortado por linhas de sombra que as árvores da Agronomia lhe jogavam quando passava. Na esquina da avenida San Martín com a Nogoyá, enquanto esperava o ônibus 168, ouviu uma batalha de pardais sobre sua cabeça e a torre florentina de San Juan María Vianney lhe pareceu mais vermelha contra o céu sem nuvens, alto de dar vertigem", narra Cortázar no início

RAYUELA BAR

- ARTIGAS, 3.199
- 54 11 4505-0155
- 57, 78, 105, 146
- DOM. A QUI., DAS 9H ÀS 21H; SEX. E SÁB., DAS 9H ÀS 3H
- GRÁTIS
- BUSINESS.GOOGLE.COM/WEBSITE/RAYUELA/

do conto. Refere-se, por exemplo, à torre de tijolos aparentes da paróquia que leva o nome do santo de origem francesa e ainda se destaca na paisagem da avenida San Martín.

Quase setenta anos depois de o conto ter sido publicado, a linha 168 já não existe, dando lugar à 78, que refaz parte do trajeto descrito por Cortázar. Segue pela Avenida San Martín, passa pelo Hospital Alvear e ladeia os muros do Cementerio de La Chacarita, onde muitas pessoas descem carregando flores e onde entra em cena outro personagem, Leo. A partir daí, Clara e Leo ficam sozinhos no veículo, observando o caminho até o momento de desembarcar.

Se no conto de Cortázar eles seguem a viagem sem interrupções, a nós cabe uma pequena pausa narrativa para conhecer melhor essa monumental necrópole.

O **CEMENTERIO DE LA CHACARITA** **5** é o maior da cidade, embora a fama do La Recoleta (Itinerário 5, página 132) ofusque seu tamanho, tradição e os nomes importantes que estão ali enterrados. Fundado em 1887, após uma epidemia de febre amarela que assolou a cidade, o La Chacarita atrai milhares de visitantes todos os anos, interessados em conhecer lápides de ícones como o músico Carlos Gardel, o pintor Benito Quinquela Martín e a poeta **Alfonsina Storni**, que teve uma morte trágica em 1938. Ela teria pulado de um penhasco na região de Mar del Plata, mas há quem acredite que simplesmente caminhou rumo às águas profundas, numa morte solene. Três dias antes do suicídio, enviou ao jornal argentino *La Nación* o

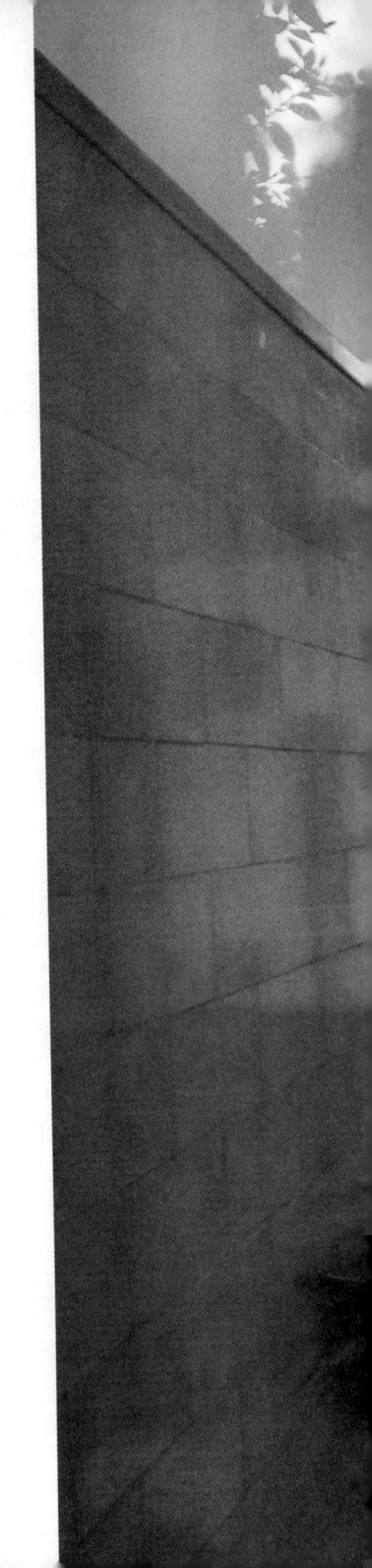

Hall do edifício onde Julio Cortázar
viveu parte de sua infância e
juventude. Temos a escada que
comentei no texto. Pode parecer mais
uma simples escada, mas não é. Eu
garanto. Basta olhar literalmente.

ITINERÁRIO 07

COMO CHEGAR

Para chegarmos à casa de Cortázar sugiro pegar o metrô na Estación Florida (Linha B) e seguir até a Estación Federico Lacroze, bem em frente ao Cementerio de La Chacarita.

De lá, tomar o ônibus 78 e descer na Avenida San Martín, por volta do número 4.800. É só caminhar cerca de duzentos metros pela Calle Artigas e estaremos na residência do escritor.

Entrada do Cementerio de La Chacarita, o maior de Buenos Aires.

cantora argentina Mercedes Sosa, que a gravou em 1969. Além de reservar histórias como essa, a visita vale também pela beleza do lugar – bastante arborizado, planejado, amplo, com alamedas frondosas, convidativas à reflexão e, quem sabe, à leitura.

Aproveite para observar os visitantes que desembarcam próximo à entrada do La Chacarita levando flores, como no ritual belamente descrito por Cortázar: "Saíram os copos-de-leite, os cravos vermelhos, os homens de trás com seus ramos, as duas garotas, o velho das margaridas. Ficaram só eles dois e de repente o 168 parecia menor, mais cinza, mais bonito".

Depois de conhecer o cemitério, sigamos a bordo do ônibus 56, que nos levará a outros locais reconhecíveis no conto de *Bestiário* – a Avenida Dorrego, a Avenida Santa Fe, o Museo Nacional de Bellas Artes (identificado pela cor rosa de sua fachada), a Facultad de Derecho e a Avenida Leandro N. Alem, atual Avenida del Libertador.

Estamos adentrando o bairro do Retiro, rumo à Plaza San Martín, onde, depois de alguns fatos estranhos ocorridos no interior do ônibus, Clara e Leo descem abruptamente. "Ele a pegou pelo braço e saíram andando rapidamente pela praça cheia de crianças e vendedores de sorvetes. Não disseram nada, mas tremiam como que de felicidade e sem se olhar", narra Cortázar. Na Plaza San Martín, nós também desembarcamos. Muito bem acompanhados. Como sempre, pela literatura. ∎

poema "Voy a dormir", publicado um dia após seu falecimento.

Em sua homenagem, o pianista Ariel Ramírez e o escritor Félix Luna compuseram "**Alfonsina y el mar**", música que ficou famosa na voz da

CEMENTERIO DE LA CHACARITA

- 📖 GUZMÁN, 730
- 📞 54 800 444 2363
- 🚌 19, 39, 44, 78, 87, 93, 111, 127
- Ⓜ FEDERICO LACROZE (LINHA B)
- 🕐 TODOS OS DIAS, DAS 7H30 ÀS 17H
- $ GRÁTIS
- 📱 WWW.CEMENTERIOCHACARITA.COM.AR

Placa da rua que homenageia ele, um dos nossos mais importantes companheiros desta viagem. Aponta os caminhos certos para a literatura.

o Cortazar

3520

London City Bar

CAFÉ COM LETRAS

Cine

Libros del Pasaje

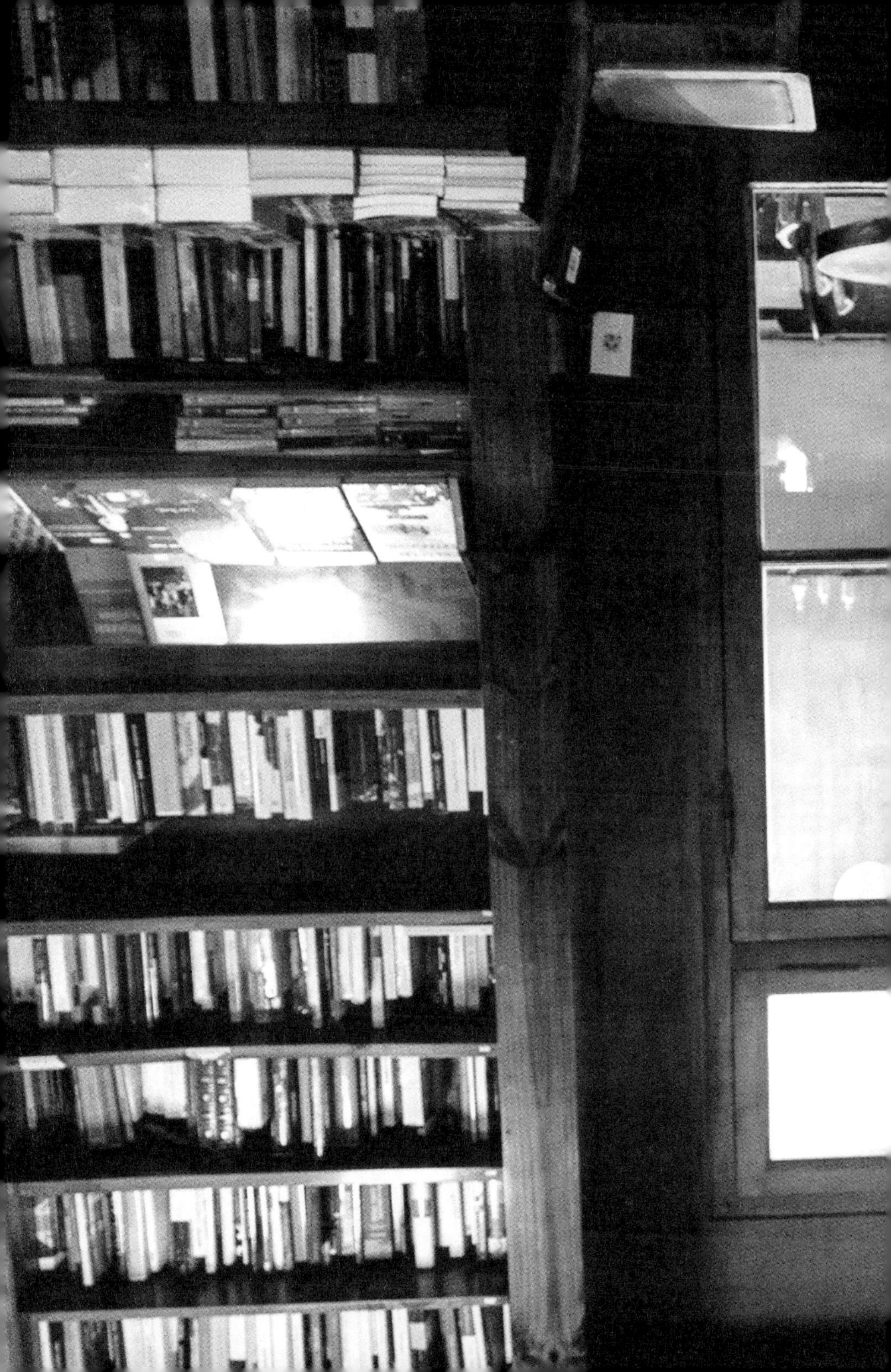

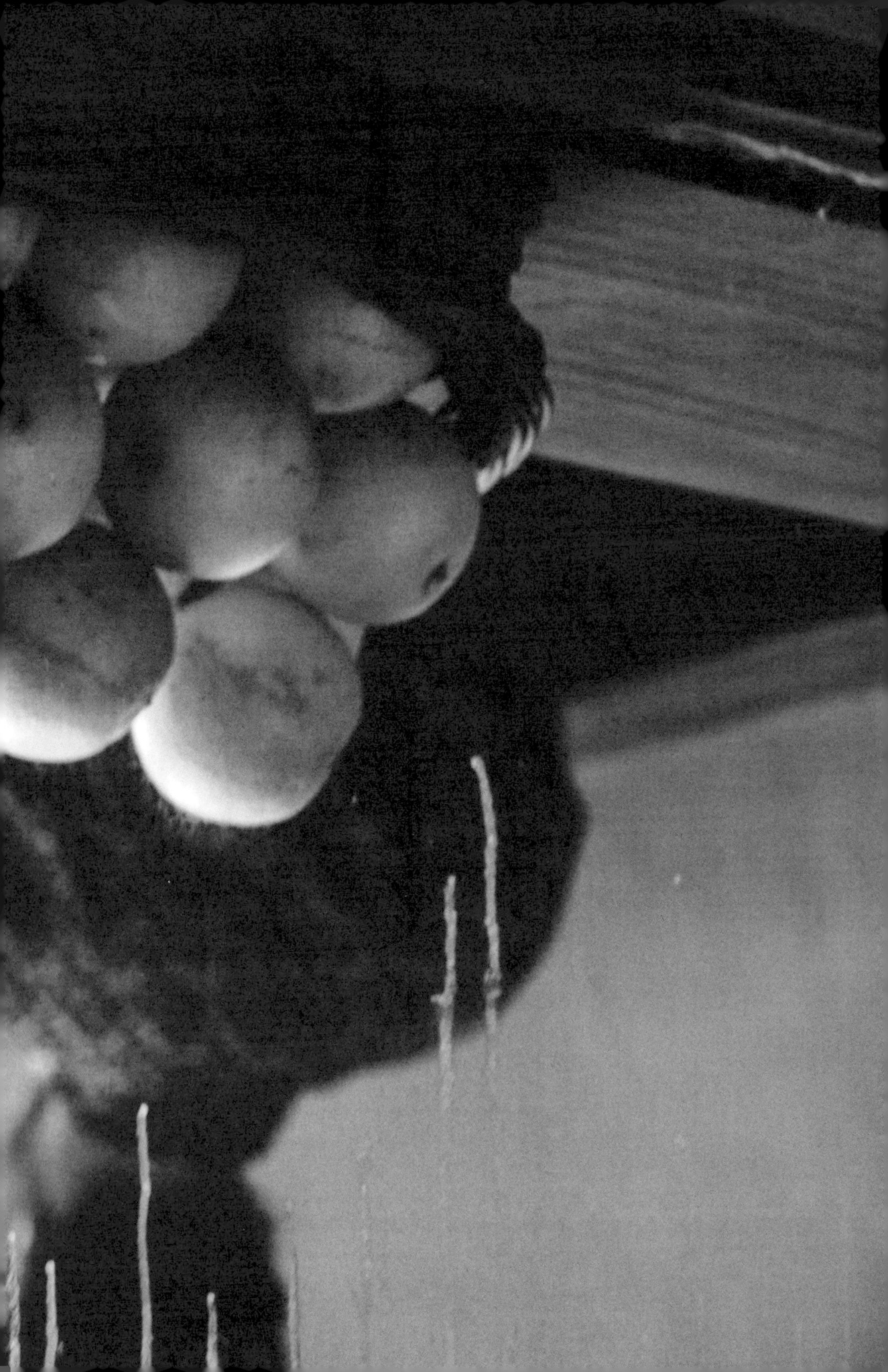

Libros del Pasaje

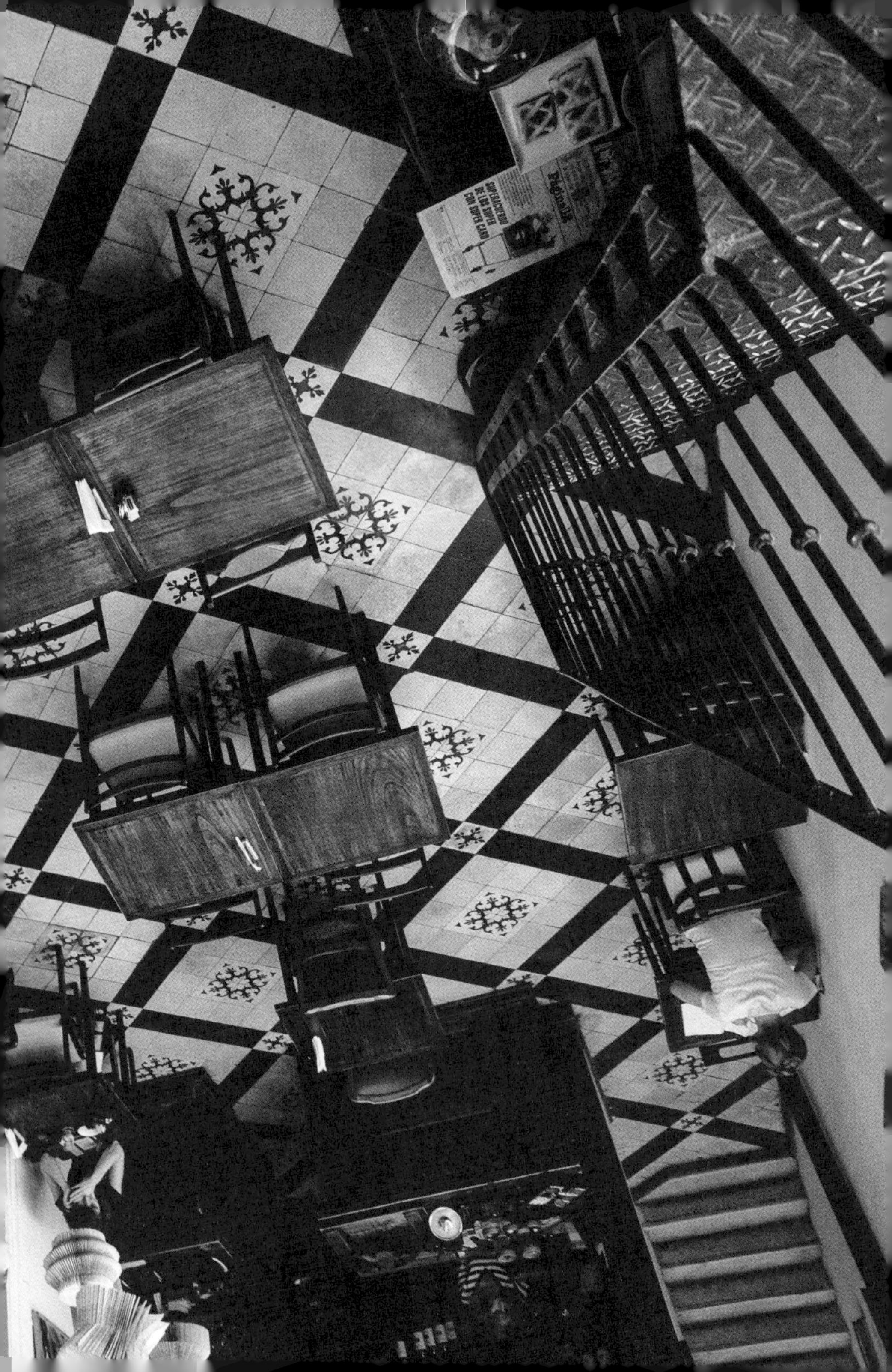

Librería Eterna Cadencia

Bar El Federal

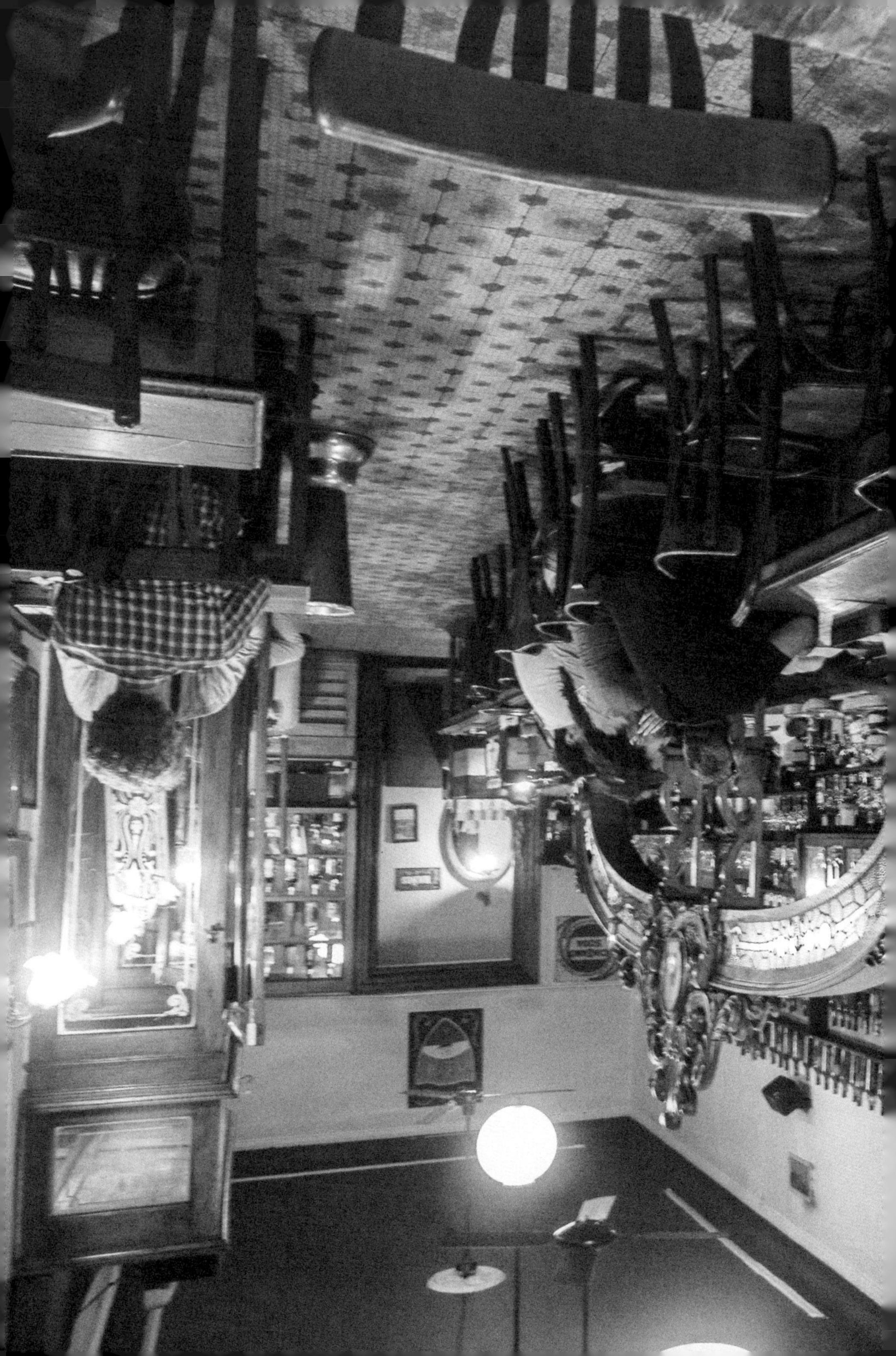

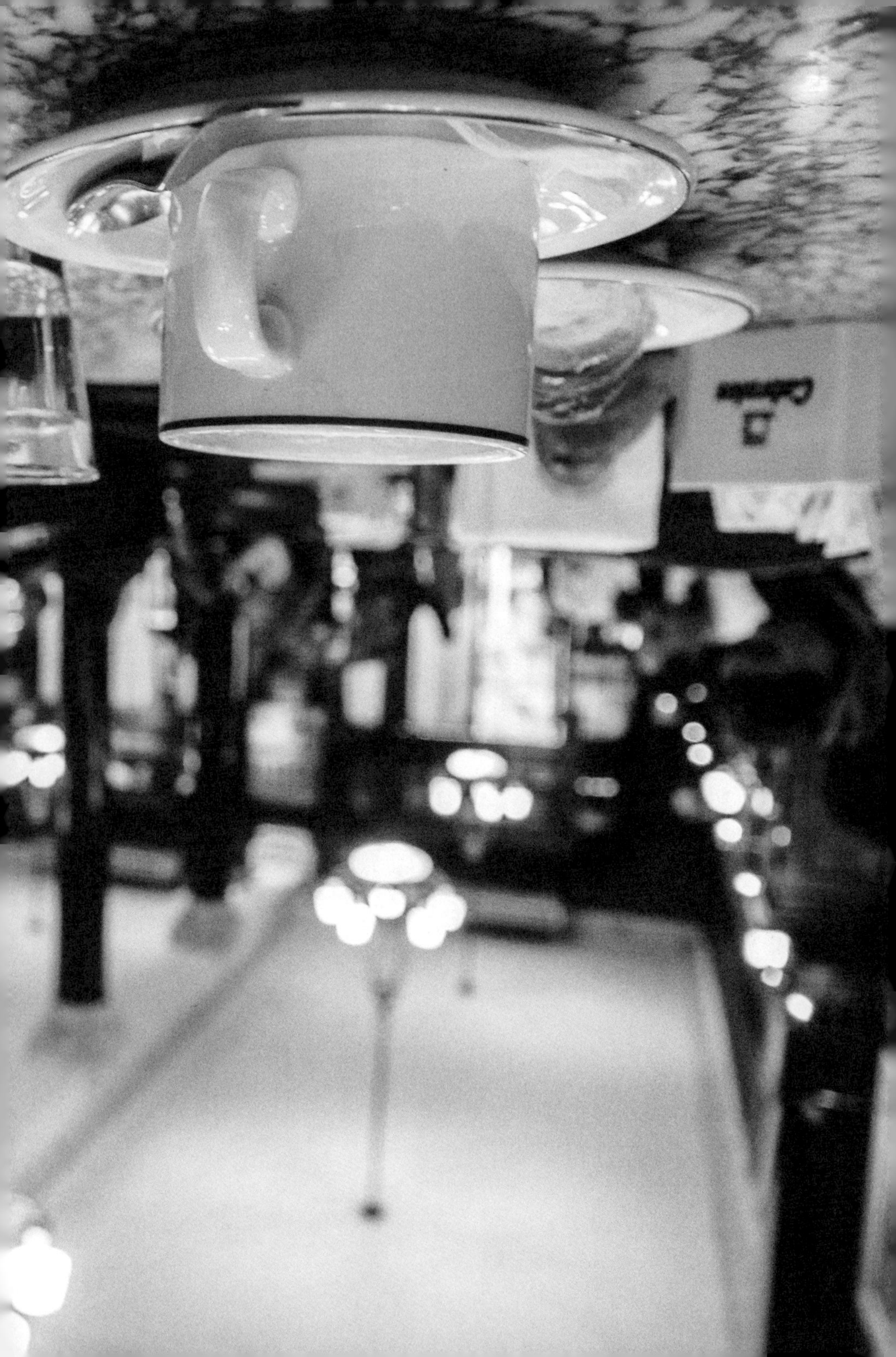

Café Tortoni

SALA
CesarTiempo

Café Tortoni

SERVIÇOS

CAFÉ LA PUERTO RICO

- ALSINA, 416
- 54 11 4331-2215
- 22, 28, 29W
- BOLÍVAR (LINHA E), CATEDRAL (LINHA D), PLAZA DE MAYO (LINHA A)
- SEG. A SEX., DAS 7H ÀS 20H; SÁB. E DOM., DAS 10H ÀS 19H
- WWW.LAPUERTORICOCAFE.COM.AR

LONDON CITY

- AV. DE MAYO, 591
- 54 11 4342-9057
- 8, 22, 24, 28, 29, 56, 105
- PERÚ (LINHA A), CATEDRAL (LINHA D), BOLÍVAR (LINHA E)
- TODOS OS DIAS, DAS 6H À OH
- WWW.LONDONCITY.COM.AR

CAFÉ TORTONI

- AV. DE MAYO, 825
- 54 11 4342-4328
- 8, 22, 24, 28, 29, 56, 105
- PERÚ, PIEDRAS E AVENIDA DE MAYO (LINHA A), CATEDRAL (LINHA D), BOLÍVAR (LINHA E)
- TODOS OS DIAS, DAS 8H À 1H
- WWW.CAFETORTONI.COM.AR

LOS 36 BILLARES

- AV. DE MAYO, 1.265
- 54 11 4122-1500
- 7, 8, 64, 105
- LIMA, SÁENZ PEÑA (LINHA A)
- QUA., QUI. E DOM., DAS 7H ÀS 2H; SEX. E SÁB., DAS 7H ÀS 4H; SEG., DAS 7H ÀS 16H
- GRÁTIS
- WWW.LOS36BILLARES.COM.AR

CONFITERÍA LAS VIOLETAS

- RIVADAVIA, 3899
- 54 11 4958-7387
- 19, 26, 90, 105, 127, 128, 160
- CASTRO BARROS (LINHA A)
- TODOS OS DIAS, DAS 6H À 1H
- GRÁTIS
- WWW.LASVIOLETAS.COM

CAFÉ MARGOT

- BOEDO, 857 (ESQUINA COM SAN IGNACIO)
- 54 11 4957-0001
- 7, 23, 53, 75, 97, 115, 126, 127, 160
- BOEDO (LINHA E)
- DOM. A QUI., DAS 8H ÀS 2H; SEX. E SÁB., DAS 8H ÀS 4H
- GRÁTIS
- WWW.LOSNOTABLES.COM.AR

EL GATO NEGRO

- CORRIENTES, 1.669
- 54 11 4374-1730
- 6, 24, 37, 115, 146, 150, 180
- CALLAO E URUGUAY (LINHA B)
- SEG., DAS 9H ÀS 22H; TER., DAS 9H ÀS 23H; QUA. A SÁB., DAS 9H À OH; DOM., DAS 15H ÀS 23H
- GRÁTIS
- WWW.DONVICTORIANO.COM.AR

EL FEDERAL

- CARLOS CALVO, 999
- 54 11 4361-7328
- 24, 28, 29, 126
- INDEPENDENCIA (LINHA C)
- TODOS OS DIAS, DAS 8H ÀS 2H
- GRÁTIS
- WWW.BARELFEDERAL.COM.AR

CAFÉ LA POESÍA

- CHILE, 502
- 54 11 4300-7340
- 22, 24, 28, 29, 126
- INDEPENDENCIA (LINHA C)
- DOM. A QUI., DAS 8H ÀS 2H; SEX. E SÁB., DAS 8H ÀS 4H
- GRÁTIS
- WWW.LOSNOTABLES.COM.AR

BAR PLAZA DORREGO

- DEFENSA, 1.098
- 54 11 4361-0141
- 22, 24, 28, 29
- TODOS OS DIAS, DAS 8H ÀS 22H
- GRÁTIS

BAR BRITÁNICO

- BRASIL, 399
- 54 11 4361-2107
- 4, 22, 24, 29, 53, 61, 74, 129, 143
- TODOS OS DIAS, DAS 6H ÀS 3H
- GRÁTIS

EL ATENEO GRAND SPLENDID

- SANTA FE, 1.860
- 54 11 4813-6052
- 10, 12, 37, 39, 59, 108, 111, 124, 152
- CALLAO (LINHA D)
- SEG. A QUI., DAS 9H ÀS 22H; SEX. E SÁB., DAS 9H À 0H; DOM., DAS 12H ÀS 22H
- GRÁTIS
- WWW.YENNY-ELATENEO.COM

LIBRERÍA CLÁSICA Y MODERNA

- CALLAO, 892
- 54 11 4811-3670
- 12, 37, 60, 106, 109, 124, 132, 150
- CALLAO (LINHA D)
- SEG. A SÁB., DAS 10H ÀS 22H; DOM., DAS 18H ÀS 21H
- GRÁTIS
- WWW.CLASICAYMODERNA.COM

EL PREFERIDO

- JORGE LUIS BORGES, 2.108
- 54 11 4774-6585
- 36, 39, 55, 111,
- PLAZA ITALIA (LINHA D)
- SEG. A SÁB., DAS 12H À 0H; DOM., FECHADO
- GRÁTIS
- WWW.ELPREFERIDODEPALERMO.COM

LIBROS DEL PASAJE

- THAMES, 1.762
- 54 11 4833-6637
- 34, 39, 55, 111
- SEG. A SÁB., DAS 10H ÀS 21H; DOM. E FERIADOS, DAS 14H ÀS 21H
- GRÁTIS
- WWW.LIBROSDELPASAJE.COM.AR

ETERNA CADENCIA

- HONDURAS, 5.574
- 54 11 4774-4100
- 39, 93, 108, 111
- SEG. A SEX., DAS 9H30 ÀS 21H; SÁB., DAS 11H30 ÀS 20H; DOM., FECHADO
- GRÁTIS
- WWW.ETERNACADENDIA.COM.AR

CAFÉ CORTÁZAR

- JOSÉ ANTONIO CABRERA, 3.797
- 54 11 4863-2120
- 36, 106, 109, 140, 151, 160
- DOM. A QUI., DAS 8H ÀS 2H; SEX. E SÁB., DAS 8H ÀS 3H
- GRÁTIS
- WWW.CAFECORTAZAR.COM.AR

RAYUELA BAR

- ARTIGAS, 3.199
- 54 11 4505-0155
- 57, 78, 105, 146
- DOM. A QUI., DAS 9H ÀS 21H; SEX. E SÁB., DAS 9H ÀS 3H
- GRÁTIS
- BUSINESS.GOOGLE.COM/WEBSITE/RAYUELA/

Librería El Ateneo Grand Splendid

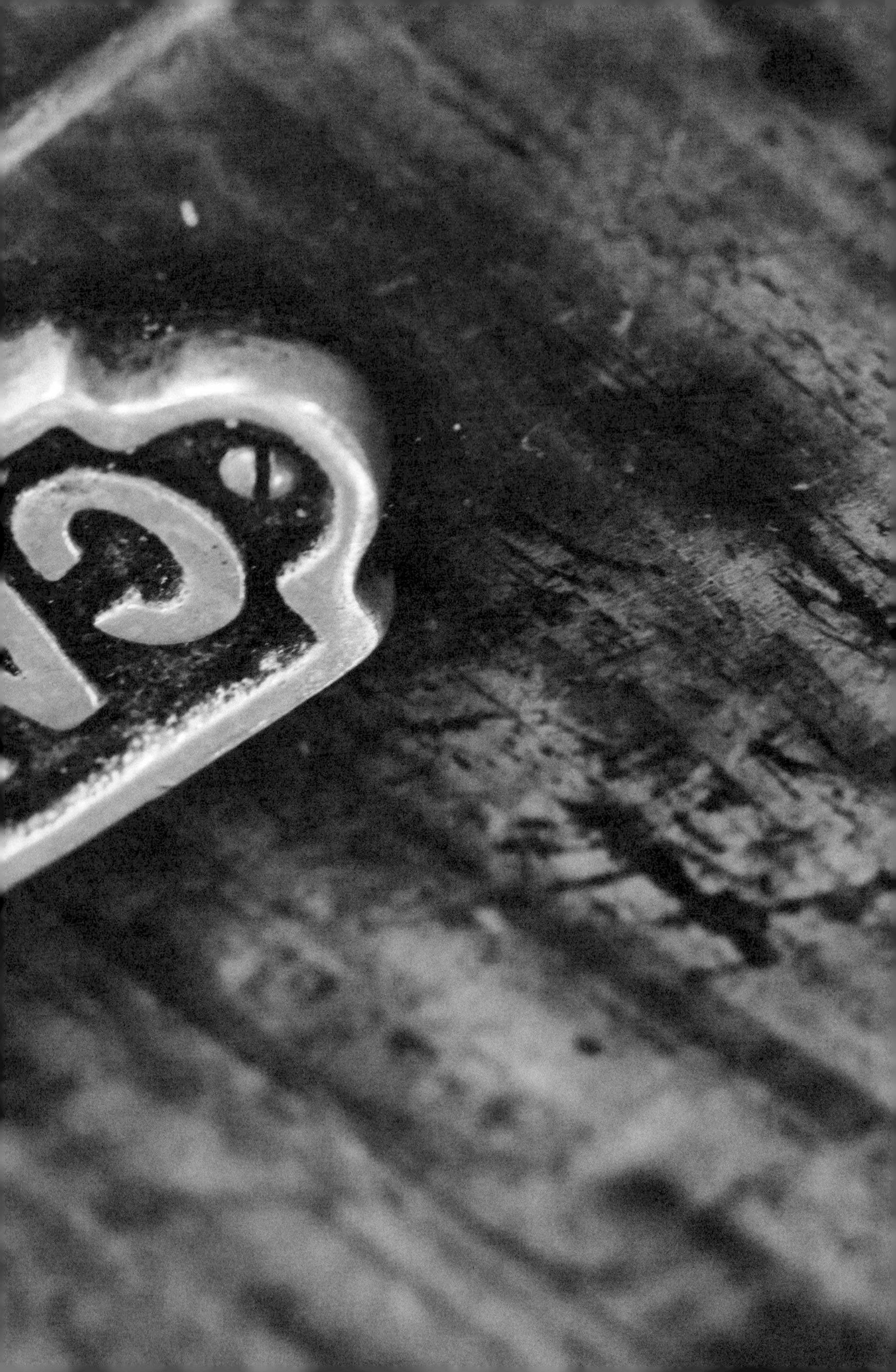

La Perla de Caminito

La Perla de Caminito

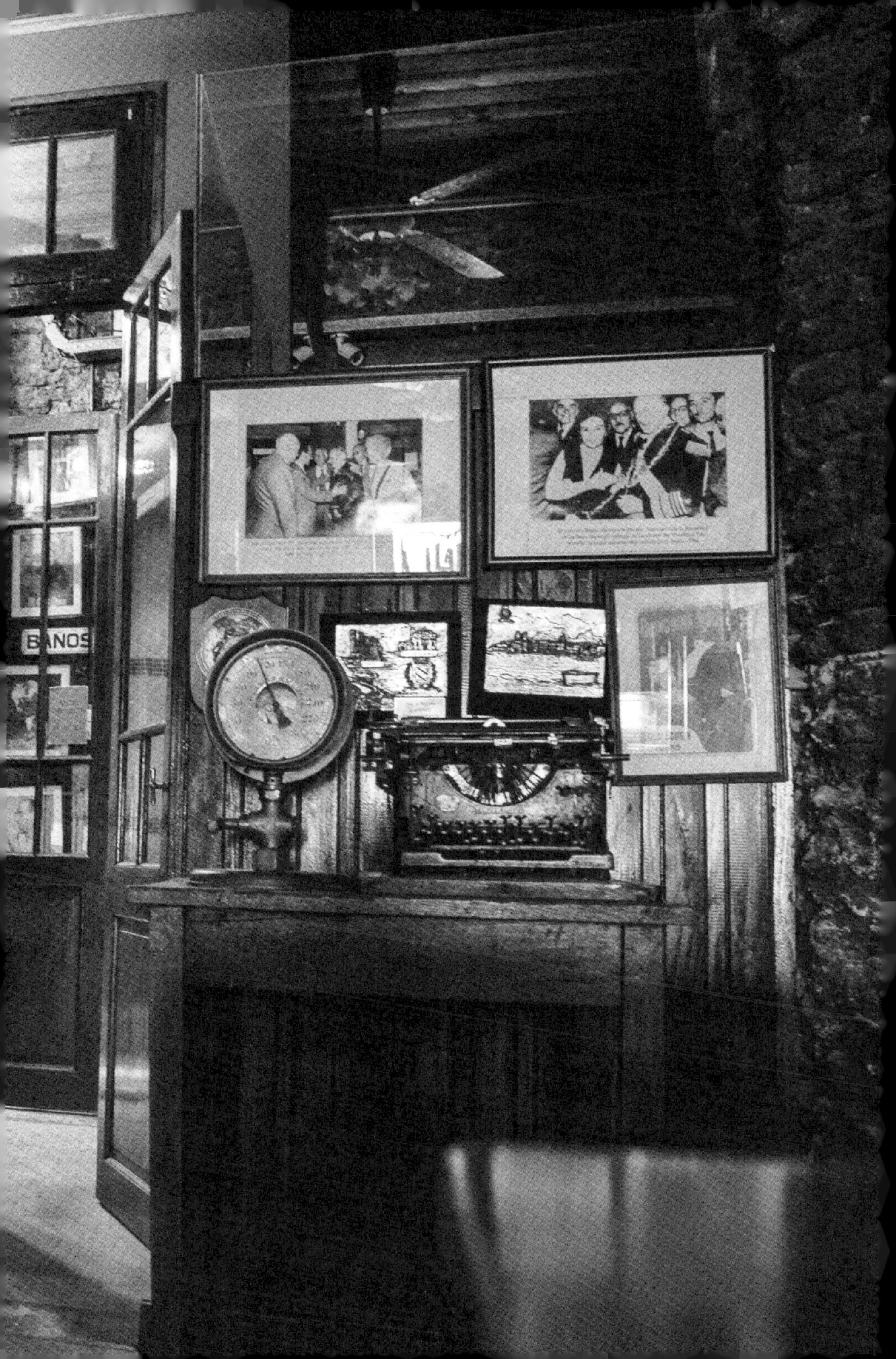
BANOS

AJEDREA · ESTRAGÓN · MEJ...

AZÚCAR IMPALPABLE · POLVO DE HORNEAR · CREMOR TÁRTARO · ...TOMATO... · POLVO DE HORNEAR · AMAPOLA · ...RE · SUMAK

APIO SEMILLAS · SALVIA · CÚRCUMA · AJO EN POLVO · CEBOLLA EN ESCAMAS · CEBOLLA EN POLVO · MOSTAZA NEGRA · VAINAS DE VAINILLA · ...AMO · SÉSAMO NEGRO

...NGRI · NUEZ MOSCADA · NUEZ MOSCADA · PIMIENTA DE CAYENA · PIMIENTA DE CAYENA · PÁPRIKA · ALCARAVEA · ANÍS · SAL DE ORÉGANO SIN SODIO · SAL DE CEBOLLA SIN SODIO · SAL DE AJO SIN SODIO · SAL SIN SODIO

CHILI POWDER · CONDIMENTO PARA CAZUELA Y PAELLA · ...HINO · ESPECIAS DULCES · ESPECIAS FINAS · GARAM MASALA · CURRY MADRASI · CU... H...

CEREZAS · SANDÍA ROJA · ANANÁ · TÉ ROJO · TÉ VERDE · TÉ VERDE CON MEN...

Café El Gato Negro

CURRY PUNJABI

CURRY ASSAM

CURRY MILD

HUNG LIU

QUATRE EPICES

FINES HERBES

BOUQUET GARNI

TÉ VERDE CON
...ÓS, MANDARINA
...NARANJA

TÉ ROJO
CON LIMÓN
Y NARANJA

TÉ ROSA
MOSQUETA
& HIBISCUS

TÉ CON
ROSAS

TÉ VERDE
CON NARANJA
Y JENGIBRE

TÉ VAINILLA
Y CANELA

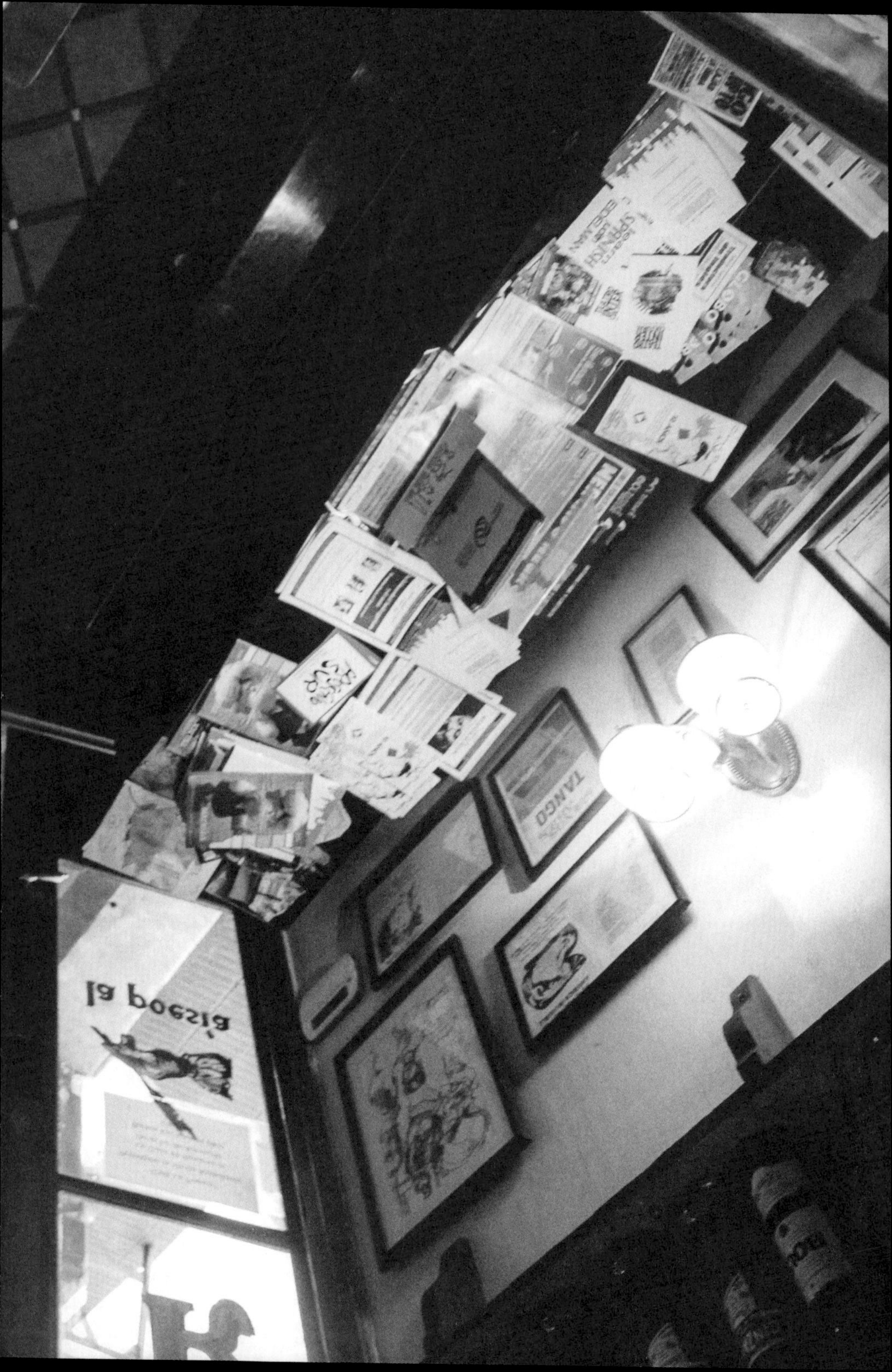
la poesia
TANGO

Café La Poesía

Gerardo [Ba]carello

María Esther de Miguel
y Juan Rulfo

Javier Torre, Leonardo Busquet, Jorge Luis Borges y Pacho O'Donnell

Café La Poesía

Olga Orozco

Ricardo E. Molinari *junto a Juana de Ibarbourou y a Conrado Nalé Roxlo*

Victoria Ocampo

es Gray

Andrés Rivera

A. Moreno (1923-1973). Foto gentileza Editorial CREA

Leopoldo Marechal

Graciela
Caprarulo

BAÑOS

SE RUEGA
NO ESCUPIR

PROHIBIDO
FUMAR

Café Margot

Café Margot

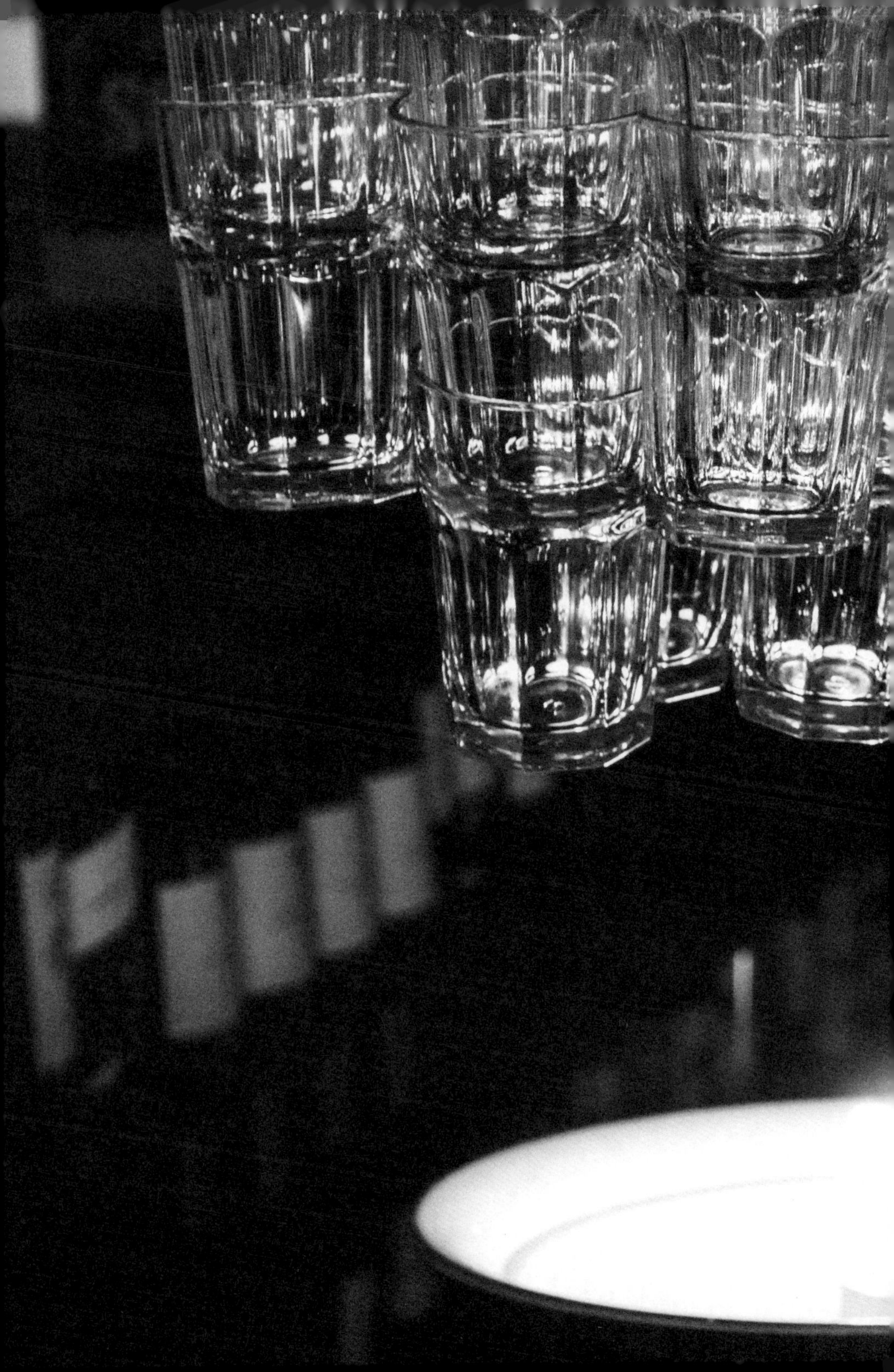

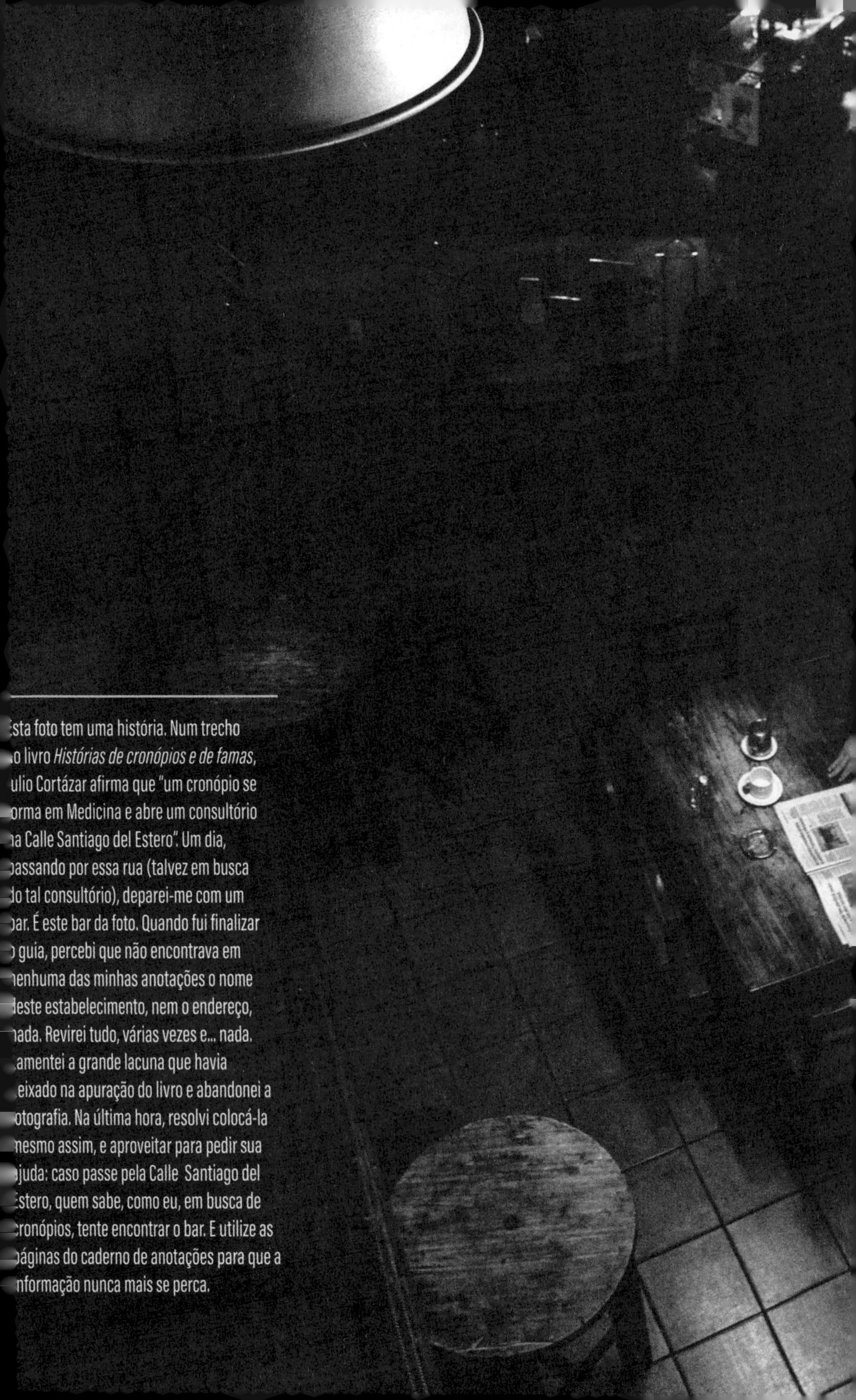

Esta foto tem uma história. Num trecho do livro *Histórias de cronópios e de famas*, Julio Cortázar afirma que "um cronópio se forma em Medicina e abre um consultório na Calle Santiago del Estero". Um dia, passando por essa rua (talvez em busca do tal consultório), deparei-me com um bar. É este bar da foto. Quando fui finalizar o guia, percebi que não encontrava em nenhuma das minhas anotações o nome deste estabelecimento, nem o endereço, nada. Revirei tudo, várias vezes e... nada. Lamentei a grande lacuna que havia deixado na apuração do livro e abandonei a fotografia. Na última hora, resolvi colocá-la mesmo assim, e aproveitar para pedir sua ajuda: caso passe pela Calle Santiago del Estero, quem sabe, como eu, em busca de cronópios, tente encontrar o bar. E utilize as páginas do caderno de anotações para que a informação nunca mais se perca.

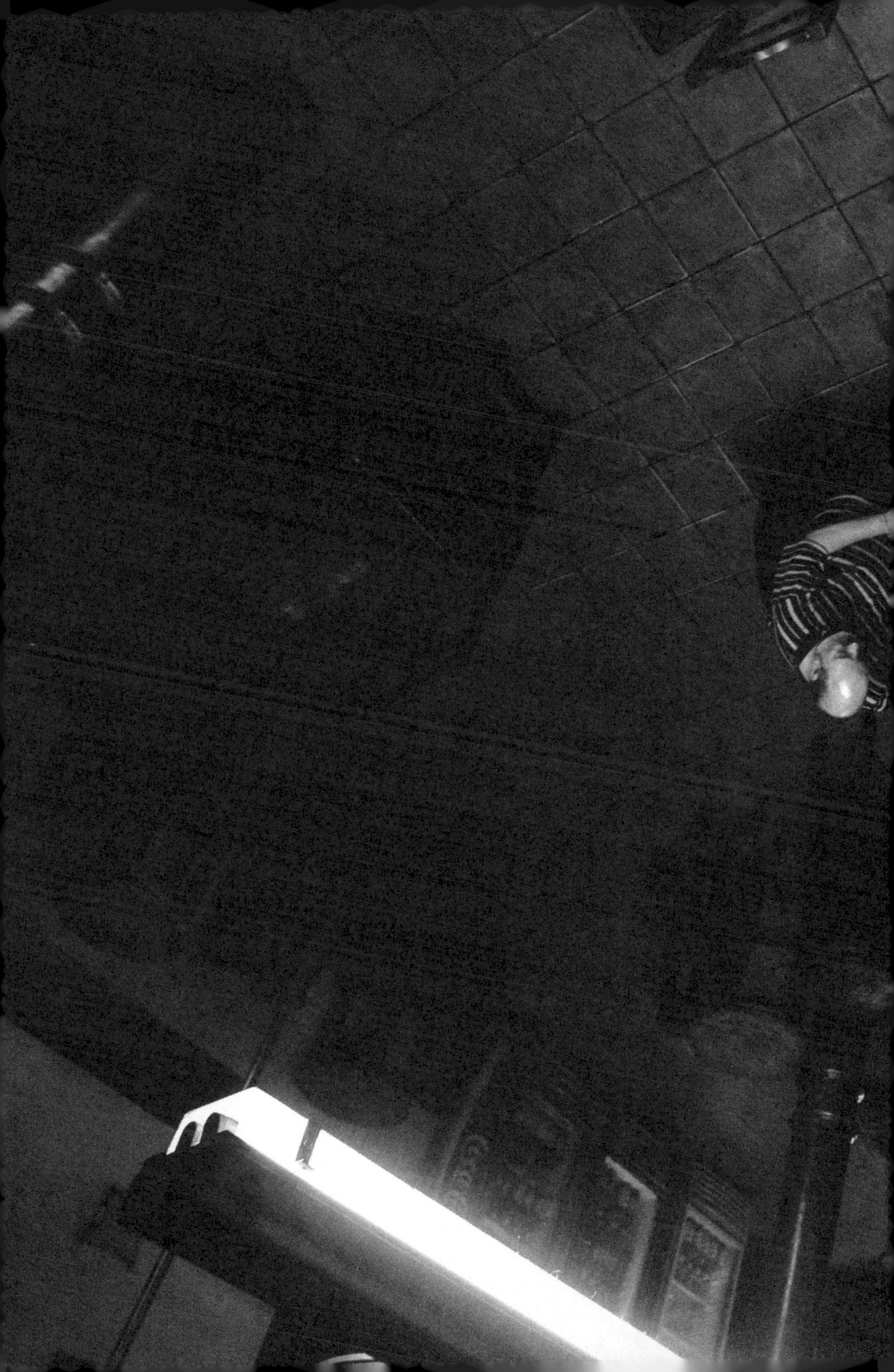

CADERNO DE
ANOTAÇÕES

L. Lugones

La Guerra
Gaucha

VICUÑA M.

GUERRA
CON
ESPAÑA

CADERNO DE ANOTAÇÕES

CADERNO DE ANOTAÇÕES

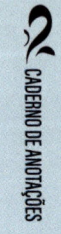

CADERNO DE ANOTAÇÕES

CADERNO DE ANOTAÇÕES

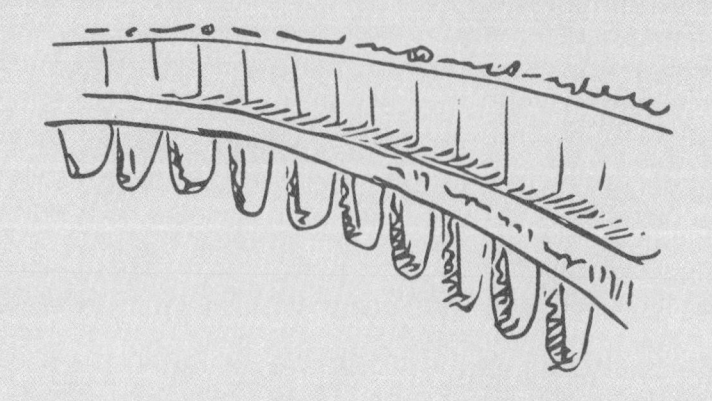

CADERNO DE ANOTAÇÕES

CADERNO DE ANOTAÇÕES

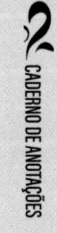

CADERNO DE ANOTAÇÕES

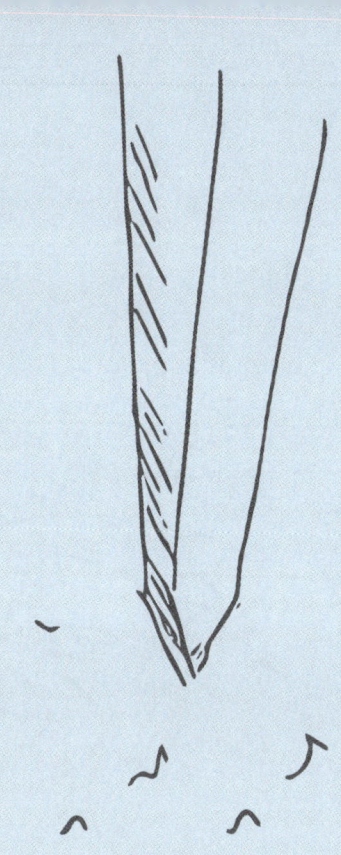

CADERNO DE ANOTAÇÕES

CADERNO DE ANOTAÇÕES

CADERNO DE ANOTAÇÕES

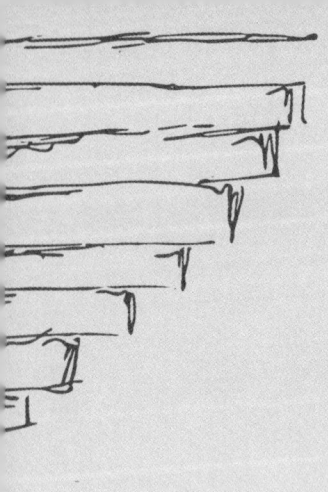

CADERNO DE ANOTAÇÕES

CADERNO DE ANOTAÇÕES

CADERNO DE ANOTAÇÕES

CADERNO DE ANOTAÇÕES

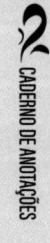

CADERNO DE ANOTAÇÕES

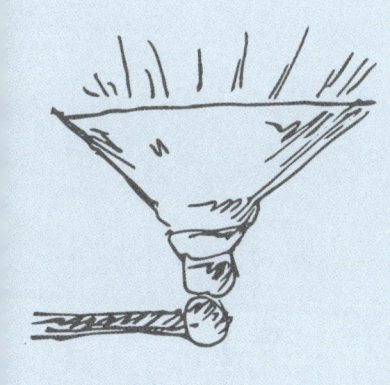

CADERNO DE ANOTAÇÕES

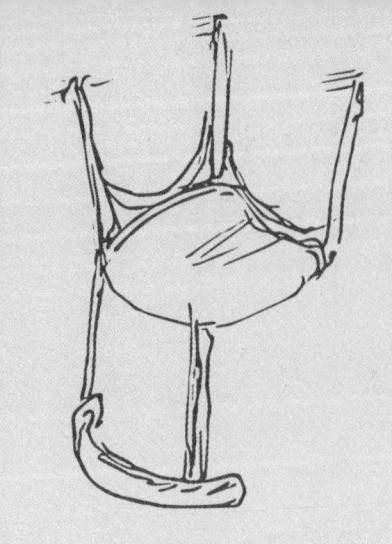

CADERNO DE ANOTAÇÕES

CADERNO DE ANOTAÇÕES

CADERNO DE ANOTAÇÕES

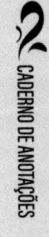

CADERNO DE ANOTAÇÕES

CADERNO DE ANOTAÇÕES

CADERNO DE ANOTAÇÕES

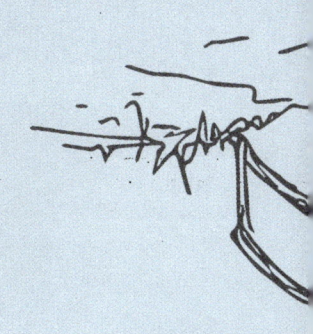

Antigo arquivo de fichas catalográficas
da Biblioteca Nacional de la República
Argentina.

BIBLIO-
GRAFIA

BIBLIOGRAFIA

ABÓS, Álvaro. Al pie de la letra: guía literária de Buenos Aires. Buenos Aires: Aguilar, Altea, Taurus, Alfaguara, 2011.

ABÓS, Álvaro. Cautivo: el mural argentino de Siqueiros. Buenos Aires: Libros del Zorzal, 2004.

ARLT, Roberto. El juguete rabioso. Buenos Aires: Booket, 2013.

ARLT, Roberto. Os sete loucos & Os lança-chamas. Tradução de Maria Paula Gurgel Ribeiro. São Paulo: Iluminuras, 2000.

ARLT, Roberto. Os sete loucos. Tradução de Janer Cristaldo. Rio de Janeiro: Francisco Alves, 1982.

BERMEJO, Ernesto González. Conversas com Cortázar. Tradução de Luís Carlos Cabral. Rio de Janeiro: Jorge Zahar Editor, 2002.

BORGES, Jorge Luis & DI GIOVANNI, Norman Thomas. Jorge Luis Borges: autobiografía. Buenos Aires: El Ateneo, 1999.

BORGES, Jorge Luis & KODAMA, María. Atlas. Tradução de Heloisa Jahn. São Paulo: Companhia das Letras, 2010.

BORGES, Jorge Luis. Fervor de Buenos Aires. Buenos Aires: Emecé, 2009.

BORGES, Jorge Luis. Ficções. Tradução de Davi Arrigucci Jr. São Paulo: Companhia das Letras, 2007.

BORGES, Jorge Luis. História universal da infâmia. Tradução de Davi Arrigucci Jr. São Paulo: Companhia das Letras, 2012.

BORGES, Jorge Luis. O Aleph. Tradução de Flávio José Cardozo. Rio de Janeiro: Editora Globo, 1999.

BORGES, Jorge Luis. O livro de areia. São Paulo: Mediafashion, 2012 (Coleção Folha. Literatura ibero-americana; v. 1).

BORGES, Jorge Luis. O livro dos seres imaginários. Colaboração Margarita Guerrero. Tradução de Heloisa Jahn. São Paulo: Companhia das Letras, 2007.

BRUM, Eliane. A vida que ninguém vê. Porto Alegre: Arquipélago Editorial, 2006.

Buenos Aires: seu guia passo a passo. Tradução de Luiz Roberto Gonçalves. 4ª edição. São Paulo: Publifolha, 2012 (Guias Passo a Passo).

CASARES, Adolfo Bioy. A invenção de Morel. Tradução de Samuel Titan Jr. 3ª edição. São Paulo: Cosac Naify, 2006.

CASARES, Adolfo Bioy. Diário da guerra do porco. Tradução de Vera Pedroso. Rio de Janeiro: Expressão Cultural, 1972.

CASARES, Adolfo Bioy. O sonho dos heróis. Tradução de Andréa Ramal. Rio de Janeiro: José Olympio, 1991.

Clásica y Moderna 65 años: 1938-2003. Buenos Aires: Clásica y Moderna Ediciones, 2003.

CORTÁZAR, Julio. Alguém que anda por aí. Tradução de Remy Gorga Filho. Rio de Janeiro: Nova Fronteira, 1981.

CORTÁZAR, Julio. As armas secretas: contos. Tradução e posfácio de Eric Nepomuceno. Rio de Janeiro: José Olympio, 1994.

CORTÁZAR, Julio. Bestiário. Tradução de Paulina Wacht e Ari Roitman. Rio de Janeiro: Civilização Brasileira, 2013.

CORTÁZAR, Julio. Cuentos completos 1. Buenos Aires: Aguilar, Altea, Taurus, Alfaguara, 2010.

CORTÁZAR, Julio. Cuentos completos 2. Buenos Aires: Aguilar, Altea, Taurus, Alfaguara, 2010.

CORTÁZAR, Julio. Final do jogo. Tradução de Paulina Wacht e Ari Roitman. Rio de Janeiro: Civilização Brasileira, 2014.

CORTÁZAR, Julio. Histórias de cronópios e de famas. Tradução de Glória Rodrígues. 8ª edição. Rio de Janeiro: Civilização Brasileira, 2004.

CORTÁZAR, Julio. Octaedro. Tradução de Glória Rodrígues. 5ª edição. Rio de Janeiro: Civilização Brasileira, 2005.

CORTÁZAR, Julio. O exame final. Tradução de Fausto Wolf. Rio de Janeiro: Civilização Brasileira, 1996.

CORTÁZAR, Julio. O jogo da amarelinha. Tradução de Fernando de Castro Ferro. 19ª edição. Rio de Janeiro: Civilização Brasileira, 2012.

CORTÁZAR, Julio. Todos os fogos o fogo. Tradução de Glória Rodrígues. Rio de Janeiro: Record/Altaya, 1995 (Série Mestres da Literatura Contemporânea).

CORTÁZAR, Julio. Último round. Tradução de Paulina Wacht e Ari Roitman. Rio de Janeiro: Civilização Brasileira, 2008.

ECO, Humberto. O nome da rosa. Tradução de Aurora Fornoni Bernardini e Homero Freitas de Andrade. Rio de Janeiro: Record/Altaya, 1995.

GOLOBOFF, Mario. Julio Cortázar: la biografia. Buenos Aires: Continente, 2011.

HERNÁNDEZ, José. Martín Fierro. Tradução de J. O. Nogueira Leiria. Porto Alegre: Ano Internacional do Livro, 1972.

BIBLIOGRAFIA

LAINEZ, Manuel Mujica. Bomarzo. Tradução de Mario Pontes. São Paulo: Martins Fontes, 1995.

LAINEZ, Manuel Mujica. El gran teatro. 2ª edição. Buenos Aires: Editorial Sudamericana, 1979.

LAINEZ, Manuel Mujica. Misteriosa Buenos Aires. 34ª edição. Buenos Aires: Editorial Sudamericana, 1999.

LUGONES, Leopoldo. As forças estranhas. Tradução de André de Oliveira Lima; Contos fatais. Tradução de Maria Paula Gurgel Ribeiro. São Paulo: Globo, 2009.

MARCOLINI, Adriana. 50 livrarias de Buenos Aires: um guia para conhecer o mundo livreiro portenho. Fotografias de Alejandro Lipszyc. Cotia: Ateliê Editorial, 2011.

MARTÍNEZ, Tomás Eloy. O romance de Perón: um retrato íntimo do poder. Tradução de Jusmar Gomes. São Paulo: Editora Best Seller, 1988.

MARTÍNEZ, Tomás Eloy. Santa Evita. Tradução de Sérgio Molina. 2ª edição. São Paulo: Companhia das Letras, 1996.

MORENO, Baldomero Fernández. Guía caprichosa de Buenos Aires. 3ª edição. Buenos Aires: Editorial Universitaria de Buenos Aires, 1979.

OCAMPO, Silvina. La furia. 3ª edição. Buenos Aires: Ediciones Orion, 1976.

PIGLIA, Ricardo. A cidade ausente. Tradução de Sérgio Molina. 2ª edição. São Paulo: Iluminuras, 1997.

PIGLIA, Ricardo. Dinheiro queimado. Tradução de Rosa Freire D'Aguiar. São Paulo: Companhia das Letras, 1998.

PIGLIA, Ricardo. O laboratório do escritor. Tradução Josely Vianna Baptista. São Paulo: Iluminuras, 1994.

PIGLIA, Ricardo. Respiração artificial. Tradução de Heloisa Jahn. São Paulo: Iluminuras, 1987.

PUIG, Manuel. O beijo da mulher aranha. Tradução de Glória Rodrígues. 8ª edição. Rio de Janeiro: Codecri, 1981.

PUIG, Manuel. Púbis angelical. Tradução de Luís Octávio Barreto Leite. Rio de Janeiro: Codecri, 1981.

PUIG, Manuel. The Buenos Aires affair. Tradução de Glória Rodrígues. 3ª edição. Rio de Janeiro: Codecri, 1981.

SABATO, Ernesto. O túnel. São Paulo: Mediafashion, 2012 (Coleção Folha. Literatura Ibero-americana; v. 5).

SABATO, Ernesto. Sobre heróis e tumbas. Tradução de Rosa Freire D'Aguiar. São Paulo: Planeta DeAgostini, 2003 (Coleção Grandes Escritores da Atualidade).

SAINT-EXUPÉRY, Antoine de. Voo noturno. São Paulo: Círculo do Livro, 1973.

VÁZQUEZ, María Esther. Jorge Luis Borges: esplendor e derrota, uma biografia. Tradução de Carlos Nougué. Rio de Janeiro: Record, 1999.

WATSON, Ricardo; RENTERO, Lucas & DI MEGLIO, Gabriel Marco. Buenos Aires tiene historia: once itinerarios guiados por la ciudad. Buenos Aires: Aguilar, 2008.

WOODALL, James. Jorge Luis Borges: o homem no espelho do livro. Tradução de Fábio Fernandes. 2ª edição. Rio de Janeiro: Bretrand Brasil, 1999.

Obras não citadas no guia

ANDAHAZI, Federico. O anatomista. Tradução de Paulina Wacht e Ari Roitman. Porto Alegre: L&PM, 2008.

ANDAHAZI, Ferderico. O conquistador. Tradução de Antonio Fernando Borges. São Paulo: Editora Planeta do Brasil, 2007.

BAO, Sandra. Lonely Planet: Buenos Aires. São Paulo: Editora Globo, 2011.

BORGES, Jorge Luis & CASARES, Adolfo Bioy. Crónicas de Bustos Domecq. 1ª edição. Buenos Aires: Emecé, 2008.

HERRÁEZ, Miguel. Dos ciudades en Julio Cortázar. Córdoba: Ediciones del Copista, 2010.

HERRÁEZ, Miguel. Julio Cortázar, una biografia revisada. Barcelona: Editorial Alrevés, 2011.

LUONGO, Michael. Frommer's Buenos Aires: guia completo de viagem. Rio de Janeiro: Alta Books Editora, 2011.

OLOIXARAC, Pola. As teorias selvagens. Tradução de Marcelo Barbão. São Paulo: Saraiva, 2011.

PAULS, Alan. História do cabelo. Tradução de Josely Vianna Baptista. São Paulo: Cosac Naify, 2011.

PAULS, Alan. História do pranto. Tradução de Josely Vianna Baptista. São Paulo: Mediafashion, 2012 (Coleção Folha. Literatura Ibero-americana; v. 16.).

PAULS, Alan. O passado. Tradução de Josely Vianna Baptista. São Paulo: Cosac Naify, 2007.

10

"Não há um único homem que não seja um descobridor. Ele começa descobrindo o amargo, o salgado, o côncavo, o liso, o áspero, as sete cores do arco-íris e as vinte e tantas letras do alfabeto; passa pelos rostos, mapas, animais e astros; conclui pela dúvida ou pela fé e pela certeza quase total da própria ignorância."

RGE LUIS BORGES,

ATLAS

Copyright © 2019 by João Correia Filho

Diretor editorial: João Correia Filho
Edição: Tiago Ferro
Fotos: João Correia Filho
Capa, projeto gráfico, diagramação e ilustrações: Alexandre Pottes Macedo
Tratamento de imagem: Alexandre Pottes Macedo
Mapas: Sônia Vaz
Preparação e revisão: Fabiana Biscaro
Revisão: Livia Deorsola

1ª edição 2019

Dados Internacionais de Catalogação na Publicação (CIP)
Angélica Ilacqua CRB-8/7057

Correia Filho, João
    Buenos Aires : livro aberto : a capital argentina nas pegadas de Borges,
Cortázar e CIA / João Correia Filho. -- Bauru, SP : Mireveja, 2019.
    256 p. : il., color.

ISBN 978-65-80380-00-8

1. Buenos Aires (Argentina) – Descrições de viagens – Guias 2. Literatura
3. Livreiros e livrarias – Argentina – Buenos Aires – Indicadores I. Título

----

Índices para catálogo sistemático:
1. Buenos Aires (Argentina) – Descrições de viagens – Guias

Todos os direitos desta edição reservados a
Mireveja Editora
Rua Maria Cecília de Oliveira Maciel, 1-13
Jd. Colonial – Bauru, São Paulo CEP 17047-625
www.joaocorreiafilho.com
www.viagemaopedaletra.com

MAPA DO METRÔ